実務家が陥りやすい

成年後見の落とし穴

著　土肥 尚子（弁護士）

新日本法規

は　し　が　き

　現行の成年後見制度は平成12年4月から施行され、今年（令和2年）で20周年に当たります。この間、利用者は増加を続けてはいますが、令和元年末で22万4,442人に過ぎません。諸外国に比し、利用者数が少なすぎ、利用が必要であるのに利用に至っていない人が多いと言われています。そのため、平成28年4月に成年後見制度の利用の促進に関する法律が成立し、平成29年3月には国の基本計画が策定されました。現在、この基本計画に沿って、様々な施策が行われています。

　「利用の促進」とはいうものの単に利用者数の増加を目指すということではありません。本人の課題やニーズがどこにあるのかを見極め、その課題やニーズの解決のために成年後見制度の利用が適切かつ必要であれば、利用につなげるという視点が最重要です。

　後見事務は、大きく財産管理と身上監護の二つに分かれますが、身上監護を更に重視すべきとの方向性が打ち出されています。「監護」とは「監督保護」という意味であり、生活課題をより重視する方向に沿わないことから、「身上保護」と言われることが多くなっています。

　さらに、成年後見制度の理念として、当初より、自己決定権の尊重がうたわれてきましたが、平成26年に障害者の権利に関する条約を批准したことを踏まえ、本人を中心に、その意向や希望を尊重し、さらに「意思決定支援」の理念が、中心に据えられています。意思決定支援とは、成年後見人が本人に代わって代行決定をするのではなく、本人自身による意思決定を支援していこうという、本人中心の考え方です。

　成年後見人等は、本人の法定代理人であるところから、ややもすると本人に代わって代行決定をしていくことが重視されていました。し

かし、そうではなく、本人自身の意思決定を支援していくことを基本とすべきであるとの考えが中心になっています。代行決定は、当該課題において、支援を尽くしてもなお本人による意思決定がなされず、かつ本人にとって見過ごすことのできない重大な影響が懸念される場合にのみ許されると考えられています。

　後見事務の現場では本人やその周りの親族等の状況も、また成年後見人等との関係も、事案は様々です。それぞれの事案に応じて、「支援を尽くした」と言えるのか、「見過ごすことのできない重大な影響」とは何なのかを考えていくことは、「言うは易し行うは難し」の課題です。成年後見人等としては悩みながら、本人の意向や希望を尊重していこうという心構えが何よりも必要と言えます。

　このように本人の意向や希望を尊重し、生活課題を重視するとの方向性は、判断能力に困難を抱えていても、人としてその人を尊重しようということの具体化であり、憲法や障害者の権利に関する条約の理念に沿うものです。成年後見人等は、こうした考えをよく理解して、後見事務を行っていくことが求められています。

　私は、これまで成年後見人等の実務の現場で、分からないことや悩むことが次々とあり、その都度、先輩や同僚の助言を得たり、文献を調べたりしてきました。本書を書く過程で、改めて、これまで得た経験や知識について、自分なりにまとめる機会を得ることができました。本書では、各論点について、実務の現状と共に、私自身が悩みながら考えてきた問題意識も加えています。本書が、少しでも、皆様の疑問に答えることができたり、また、実務の在り方を見直すきっかけになることができれば、望外の喜びです。

令和2年8月

弁護士　土　肥　尚　子

略　語　表

<法令等の表記>

　根拠となる法令等の略記例及び略語は次のとおりです（〔　〕は本文中の略語を示します。）。

　民法第13条第1項第3号＝民13Ⅰ三

　令和元年6月3日医政総発0603第1号
　＝令元・6・3医政総発0603第1

民	民法	精神〔精神保健福祉法〕	精神保健及び精神障害者福祉に関する法律
遺言書保管	法務局における遺言書の保管等に関する法律	精神規	精神保健及び精神障害者福祉に関する法律施行規則
家事	家事事件手続法		
家事規	家事事件手続規則	任意後見	任意後見契約に関する法律
刑	刑法		
憲	日本国憲法	犯収	犯罪による収益の移転防止に関する法律
後見登記	後見登記等に関する法律		
個人情報〔個人情報保護法〕	個人情報の保護に関する法律	墓地	墓地、埋葬等に関する法律
		老福	老人福祉法
戸籍	戸籍法		
人訴	人事訴訟法		

<判例の表記>

　根拠となる判例の略記例及び出典の略称は次のとおりです。

　最高裁判所平成29年10月23日判決、判例タイムズ1442号46頁
　＝最判平29・10・23判タ1442・46

判時	判例時報	金判	金融・商事判例
判タ	判例タイムズ	金法	金融法務事情

目　　次

第1章　法定後見

第1　後見等開始審判申立て

第2　審判前の保全処分

第3　財産管理

第4　身上保護事務

第5　医　療

第6　第三者に対する責任

　　POINT　・責任能力

　　　　　　・責任無能力者の監督義務者、準監督義務者

　　　　　　・成年後見人の責任

　　POINT　・後見開始と遺言

　　　　　　・遺言能力

　　　　　　・成年後見人の関与

　　POINT　・被保佐人の遺言能力

　　　　　　・遺言執行者の職務

　　　　　　・保佐人と遺言執行者

第7　後見監督人

　　POINT　・後見監督人の職務

　　　　　　・財産調査及びその目録の作成への立会い

　　POINT　・後見監督人の職務

　　　　　　・後見監督人の同意が必要な行為

　　　　　　・貸付けについての同意の要否と適否

第8　報酬の基本的な考え方

第9　終　了

第10　死後事務

第11　個人情報の取扱い

第2章　任意後見

第1　任意後見契約

第2　任意後見監督人選任申立て

第 1 章

法定後見

2

第1　後見等開始審判申立て

【1】　夫の母の後見開始審判申立ては、夫が亡くなった後には妻はできない？

　夫が昨年64歳で死亡し、そのショックからか、夫の母が認知症となり、後見人をつけたほうがいいと言われました。夫が死亡したのに、私が申立人になれるものでしょうか。

POINT	・申立権の範囲、親族、姻族、親等の概念 ・親族の範囲は、民法に規定があり、姻族は三親等まで ・姻族関係は配偶者の死亡によっては終了しない

誤認例	妻は、夫の母とは血族関係にはなく、申立権がない。

本当は	後見等開始審判の申立権は、四親等内の親族にあり、三親等内の姻族も親族として申立てできる。

解　説

　後見開始審判の申立権者は、民法上「本人、配偶者、四親等内の親族」などとされています（民7）。保佐（民11）、補助（民15）もほぼ同様です。

　配偶者とは、夫にとっては妻、妻にとっては夫のことです。

　なお、民法7条は、親族以外の申立権者として、「未成年後見人、未成年後見監督人、保佐人、保佐監督人、補助人、補助監督人又は検察官」を規定しています。すなわち、既に、未成年後見・保佐・補助が開始していた場合には、未成年後見人等が後見開始審判を申し立てることができ、成年後見人が選任されます。検察官は公益の代表者として申立権がありますが実際に申し立てた例はほぼないと言われています（本人の申立てについては、【3】参照）。

　親族とは、①六親等内の血族、②配偶者、③三親等内の姻族です（民725）。

　血族には、自然血族と法定血族があります。自然血族とは文字どおり血のつながった関係（親子、兄弟、いとこなど）です。法定血族とは養子縁組による関係であり、「養子と養親及びその血族との間においては、養子縁組の日から、血族間におけると同一の親族関係を生じ」ます（民727）。すなわち、養親の兄弟姉妹にとっても養子は三親等の甥姪となります。逆に、養子の自然血族と養親との間には、血族関係は生じません。養子の実親と、養親及びその兄弟姉妹、実子等とは血族関係は生じません。ただし、養子と実親との親子関係はそのままです。

　姻族とは、婚姻によって親族となった関係であり、本人（成年被後見人となるべき者）から考えると、本人の配偶者の血族三親等までと自身の血族の配偶者三親等までの二種類です（青山道夫編『注釈民法(20)親族(1)　総則・婚姻の成立・効果―725条〜762条』113頁〔中川高男〕（有斐閣、1966））。姻族となった者同士には、姻族関係はありません。例えば、夫にとって、妻の親は、姻族一親等であり、妻にとって夫の親も同じく姻族一親等ですが、夫と妻の両親同士は姻族関係にはないこととなります。

　「親等は、親族間の世代数を数えて、これを定める。」（民726Ⅱ）と規定されています。親と子は、直系親族として、一世代であり一親等で

す。兄弟の場合は、傍系親族となり、その場合は、「同一の祖先にさかのぼり、その祖先から他の一人に下るまでの世代数によ」ります（民726Ⅱ）。兄弟について考えると、兄弟の「同一の祖先」は父母ですから、一世代、更に兄弟の一人に下るのに一世代、合わせて二世代、つまり二親等となります。

　本問では、本人となる夫の母と、夫の妻は、姻族一親等です。これは、夫の死によっても変わることはないので、妻は夫の母について、後見等開始の審判の申立てをすることができます。

　ただし、夫の死後、妻は、姻族関係終了の意思表示ができます（民728Ⅱ）。この意思表示には、他者の同意は不要です。具体的には、生存配偶者が役所に届出をなし、戸籍に表示されます。

　この意思表示があった場合には、妻と夫の血族との間の姻族関係は終了するので、その後は、妻は、夫の母の姻族ではないということとなり、後見等開始の審判申立てはできません。

　申立人が四親等内の親族であるという申立権の有無について、戸籍による厳密な立証を求めない扱いも多くあります。例えば、東京家庭裁判所の申立てに必要な書類の中には、本人の戸籍抄本（個人事項証明書）は必要ですが、申立人の戸籍抄本（個人事項証明書）は必要とされていません（東京家庭裁判所ウェブサイト後見サイト内「成年後見・保佐・補助申立ての手引」4〜6頁参照）。その理由は、親族ではないのに親族と偽って、わざわざ後見等審判を申し立てるという理由は通常は考えられないからです。なお、申立事情説明書には、推定相続人を記載することとなっていますが、厳密な調査までは求められていないようです。申立ての必要書類は家庭裁判所のウェブサイトで確認できるので、必要な戸籍の範囲を確認できます。

【2】　内縁関係のパートナーについて、後見等開始審判の申立てはできる？

　私は、Aと長年一緒に暮らし、地域では、夫婦として生活してきましたが、婚姻届は出していません。1週間前にAが交通事故に遭い、意識がない状態が続いています。今後、保険の手続をするのに後見人が必要と言われましたが、私が申立てできるのでしょうか。

POINT	・内縁の意義、要件
	・配偶者との異同
	・内縁関係の立証

誤認例	内縁の夫婦は、婚姻の届出をしていないだけで、実質的には夫婦なのであり、年金関係など、様々な法的保護が与えられていることから、内縁関係にあることを立証して、申立てができる。

本当は	申立権の有無は、審判申立てをした最初の段階で確認することが必要な事項であるところ、客観的資料（戸籍）からの確認ができず、内縁か否かが争われる事態もあり得るため、審判手続自体が不安定になりかねないことから、申立権を認めない扱いが多いと思われる。

解　説

　「婚姻は、戸籍法の定めるところにより届け出ることによって、その効力を生ずる」(民739)。法律婚主義と言われます。

　内縁とは単に同居しているということではなく、主観的要件として男女間に社会観念上夫婦共同生活と認められるような関係を成立させようとする合意、客観的要件として社会観念上夫婦共同生活を認められるような共同生活の事実が必要とされています。すなわち、法律上の婚姻関係とは認められないが、男女が相協力して、夫婦としての生活を営む結合であるところから、婚姻に準ずる関係として、一定の法的保護が与えられています。

　例えば、扶養義務(婚姻費用分担義務)、貞操義務、内縁関係を解消する際の財産分与や慰謝料請求などが認められています。

　後見等開始審判の申立権について考えると、それが親族に付与されている趣旨は、本人に身近な者であって、本人の生活状況、資産状況、後見人等の必要性などについて、事情をよく把握している者に申立権を与えたものと考えられます。その趣旨は、内縁関係の当事者にも当てはまります。そこから、その内縁関係を立証できれば、申立てを認めることも考えられます。

　しかし、内縁関係は、具体的生活状況をはじめとする事実関係に基づく関係であり、もとより戸籍では把握できません。他にも内縁関係を公証する客観的で安定した資料はなく、事実関係が容易に判明するとも限りません。住民票では、「妻(未届け)」というような記載がなされている場合もあるものの、それが客観的に内縁関係を公証するものではないのが実情です。

　実際に後見等開始審判の申立てがあった場合には、申立人と本人が内縁関係にあるかどうかの認定には、一般的には時間がかかることが

予想されます。また、手続が開始された後に、他の親族等が内縁関係を争うという事態もありえます。内縁関係が認められるか否かは、申立て自体の効力の問題となり、万が一内縁関係が認められなければ、遡って申立て自体が無効となり、手続の安定性を害することとなってしまいます。こうした事情から、内縁関係では、申立権を認めないとの扱いが多いと思われます（東京家裁後見問題研究会「東京家裁後見センターにおける成年後見制度運用の状況と課題」判例タイムズ1165号62頁（2005））。

　今後、同性カップルの問題も合わせて、法律婚以外の家族関係について、何らかの客観的証明制度が確立すれば、異なった取扱いも考えられますが、現状では、他の親族等からの申立てあるいは首長申立てを検討することとなります。

【3】 後見開始の審判を被後見人となる本人は申立てできない？

　Aは、銀行口座からの払戻しができなくなり、「自分に代わって、いろいろな手続をやってくれる人がいれば安心。」と言っていますが、本人申立ては認められるのでしょうか。

POINT
・意思能力とは
・後見開始審判申立てに必要な意思能力
・意思能力の判断

誤認例	被後見人となる本人は、判断能力を欠いた者であり、そうした者は自ら申立てをすることはできない。

本当は	後見開始の審判の結果を理解するに足る意思能力があれば、本人申立てが認められる場合がある。

解　説

　後見開始の審判の申立てについては、本人も申立人として規定されています（民7）。しかし、後見開始の審判の対象者は「事理を弁識する能力を欠く常況にある者」（民7）とされています。事理を弁識する能力（以下「事理弁識能力」といいます。）を欠き、しかも常にその状況にあると判断される本人に、申立権があるのはどういう場合なのかという疑問が生じるところです。

　近代法の下では、各個人は、自己の意思に基づいた行為によっての
み権利を取得し、義務を負うという私的自治の原則があります。何ら
かの法律行為を行う場合、その法律行為の結果を理解しているからこ
そ、その結果に拘束されるのです。自己の行為の結果を理解し得ない、
つまり意思能力なくなした行為は無効であること（意思能力無効の法
則）もまた、異論のないところです。

　後見開始審判の申立てという法律行為を行う場合にも、意思能力が
必要とされます。

　「意思能力とは、自己の行為の利害得失を判断する知的能力」です
（佐久間毅『民法の基礎1　総則〔第5版〕』80頁（有斐閣、2020））。意思能力は、
個別の法律行為ごとに判断され、その有無が問題となり、程度は問題
となりません。当該法律行為の結果を判断するに足る知的能力を有す
るかどうかが問題だからです。

　他方、後見開始の要件である「事理弁識能力」（民7）とは、「『判断能
力』を法令用語で表した表現で」「法律行為（後見等の事務）の利害得
失（利益・不利益）」を判断する能力、「後見等の事務に係る法律行為
が自己にとって利益か不利益かを判断する能力」（小林昭彦ほか編『新成
年後見制度の解説〔改訂版〕』50頁（きんざい、2017））とされています。事理
弁識能力は程度があり、後見、保佐、補助の3類型を分けるものとなっ
ています。

　すなわち、後見開始の要件である事理弁識能力を欠く常況について
は、申立ての時点で将来にわたって「判断能力を欠く常況」という状
態が継続していくかどうか、という視点での判断であり、対して、意
思能力は、個々の法律行為についての判断となる点で違いがあるとい
うことです。

　「後見開始審判の申立て」について検討すると、申立てにより、後見
が開始すると、本人に後見人という包括的権限を持った法定代理人が

選任されます。この結果についての理解が可能であれば、意思能力があると判断できると考えられます。

　本問について考えると、本人は、「誰かが代わって、銀行預金の払戻しなどをやってくれる人がいれば安心」であると考えていて、包括的権限をもった代理人が選任されることを理解し、肯定しているものと考えられ、申立てに必要な意思能力があると判断できます。

　ただ、本人の財産が複雑あるいは多額であったり、在宅生活を支えるサービスを様々に検討する必要があるなど、後見人の職務内容が複雑あるいは多岐にわたるような事案では、本人がどこまでその内容を理解したのか、不明の場合もあります。

　つまり、同じ後見開始審判申立てであっても、本人の生活や財産の状況により、選任された後見人の事務内容も異なってくるため、本人に必要とされる意思能力も異なってくると考えられます。例えば、遺言においても、遺言の内容に応じて、遺言能力の有無は変わってくると考えられているのであり、個々の法律行為ごとに判断される意思能力は、各事案に応じての個別的判断とならざるを得ません。

　例えば、年金収入で生活し、財産内容も複雑ではなく、生活上も親族との関係も、複雑な課題を抱えていない事案と、親族間で本人の介護方法について意見の違いがあったり、財産をめぐる争いがあるような事案とでは、申立てに必要な意思能力にも違いがあると考えられます。

　このように申立てに必要な意思能力を有しているか否かは個々の事案ごとの個別的判断であることから、本人に意思能力有りと考えて申立てをなしても、意思能力なしと判断される可能性があります。現状でも、本人申立てが認められている事案は一定数ありますが、今後、その基準が明示されることが望まれます。

【4】 後見人は、被後見人の息子の後見等開始審判を申し立てることができる？

　Aさんは2年前に夫が亡くなってから、物忘れが激しくなり、預金払戻しもできなくなり、成年後見人Bさんが選任されました。Aさんには、知的障害のある長男（Cさん）がいて、Cさんの財産管理もAさんが行っていたため、Cさんの生活もままならなくなってきています。Cさんにも成年後見人が必要ですが、申立てをしようとする親族はいません。BさんはAさんの法定代理人としてCさんの後見開始審判申立てができるのでしょうか。

POINT	・成年後見人の代理権に、本人の親族の後見開始審判申立ても含まれるか ・成年後見人は「財産に関する法律行為」につき、包括的代理権を有するが、後見開始審判申立ての代理権も含まれると解釈できるか

誤認例	成年後見人は、本人の法定代理人として、包括的代理権を有しており、本人の親族の後見開始審判申立てもすることができる。

本当は	成年後見人の包括的代理権は、「財産に関する法律行為」について認められるものであり、本人の親族の後見開始審判申立ては、「財産に関する法律行為」に含まれるか否かにつき疑義があり、含まれないとの見解が多く、後見開始審判申立てを認めない扱いが多い。

解　説

　成年後見人は、成年被後見人の法定代理人として、包括的に広範囲の代理権があるところから、成年被後見人に代わって、その親族の後見開始審判申立ても当然できるとの考えもあります。

　しかし、成年後見人については、「後見人は、被後見人の財産を管理し、かつ、その財産に関する法律行為について被後見人を代表する。」（民859）と規定されています。「代表する」とは包括的に代理権を有するということです。

　つまり、成年後見人の代理権は、包括的であるものの「財産に関する法律行為」と規定されています。そこから成年被後見人の親族の後見開始審判申立てが「財産に関する法律行為」に含まれるかが問題となります。

　成年後見人は、財産管理をその重要な職務の一つとしています。その成年後見人を選任するための審判申立てであること、開始審判申立て以外には成年後見人を選任する途はないことから、「財産に関する法律行為」に該当するとの解釈も可能と考えられます。実際に、成年後見人による成年被後見人の親族の後見開始審判の申立てを認めた例もあります。

　しかし、やはり権限の有無に疑義があるため（東京家裁後見問題研究会編『後見の実務（別冊判例タイムズ36号）』21頁（判例タイムズ社、2013））、認めない例もあり、その方が多いと思われます。

　現行法では本人の四親等内の親族以外にも、市区町村長（首長）が申し立てることができます（老福32、知的障害者福祉法28、精神51の11の2）（以下「首長申立て」といいます。）。この首長申立ての利用が適切かつ迅速に行われれば、成年後見人による代理申立てを認める必要性は高くありません。

　しかし、首長申立ての利用は、地域により大きな差があり、必ずしも、適切かつ迅速な申立てはなされていないのが実情です。そこから、制度利用が必要な状況があれば、利用できる方向での解釈が必要かつ適切と考えられ、成年後見人による代理申立ても認められることが望ましいと考えます。しかし、認められない場合も多いので管轄の家庭裁判所の取扱いを事前に確認するしかありません。

　保佐人、補助人についても、「本人の子○○につき、後見開始の審判申立権」などの代理権が設定できるかが問題となり得ます。保佐人・補助人の代理権は、「特定の法律行為」について付与の審判がなされます（民876の4・876の9）。そこには、「財産に関する」との限定はありません。本人の同意があり（民876の4Ⅱ・876の9Ⅱ）、代理権付与申立時に必要性があると判断されれば、代理権が付与されます。

　ただし、被保佐人及び被補助人は、一般的に自ら後見等開始の審判申立てをなすに足る意思能力があることから、保佐人及び補助人に対する代理権付与を申し立てるのではなく、直接被保佐人あるいは被補助人自身が申立人となることができます。

　任意後見については、「自己の生活、療養看護及び財産の管理に関する事務の全部又は一部を委託し、その委託に係る事務について代理権を付与する委任契約」（任意後見2一）と規定されています。すなわち、任意後見人の代理権は、財産の管理に関する事務に限定されていないことから、親族の後見開始審判申立てについても、代理権付与が可能と解されています。

　例えば、障害者の親が、自身の認知症などによる判断能力の低下に備え、任意後見契約を締結するに際し、「子○○の法定後見（補助・保佐・後見）開始の審判の申立てに関する事項」を代理権目録に記載するなどの例があります。

【5】　兄弟が健在であれば、首長申立てはできない？

　長期間音信のなかった弟Ａの住所地の市役所から、突然、Ａに後見人を選任することになったが、申立てをする意向があるかとの問合せの手紙がきました。どう対応すればいいのでしょうか。私が申立てをしない場合、Ａはどうなってしまうのでしょうか。

POINT	・後見等開始審判の申立権者、親族と首長の申立権の関係 ・親族の申立権と、首長の申立権は、特に先後、優劣の関係にはなく、それぞれの判断となる

誤認例	後見制度は民法の制度であり、民法に申立権が規定されている親族の申立てが優先する。親族に申立てをする人がいない場合に、首長が申立てできる。

本当は	首長による申立ての要件に、審判手続上は、親族に申立ての意向がないことは含まれていない。

解　説

　成年後見等開始の審判申立ての申立権については、民法以外に、老人福祉法32条、知的障害者福祉法28条、精神保健福祉法51条の11の2により、「本人の福祉のため特に必要と認めるとき」には、首長すなわち市区町村長が審判を申し立てることができると規定されています。こ

れが首長申立ての規定です。

　市民に身近な自治体において、介護サービス利用の必要性など本人の状況を把握し、その福祉のために必要であれば、審判を申し立てることができることとされているのです。

　近年、この首長申立ての件数は増加しており、平成31年においては、申立件数が7,837件（22.0％）、申立権者別にみると、本人の子に次いで多くなっています（最高裁判所事務総局家庭局「成年後見関係事件の概況－平成31年1月～令和元年12月－」）。

　首長申立てについては、厚生労働省平成17年7月29日障障発0729001号・障精発0729001号・老計発0729001号により「あらかじめ二親等以内の親族の有無を確認すること」、「二親等以内の親族がいない場合であっても、三親等又は四親等の親族であって審判請求をする者の存在が明らかであるときは、市町村申立てを行わないことが適当であること」とされています。

　そこから、首長申立てをなす際には、各市区町村は、二親等以内の親族の有無につき戸籍により調査し、更に、後見等開始審判申立ての意向の有無を調査する（意向調査）こととなっているのです。本問も弟Aの後見申立てが必要と判断した市が、兄に意向調査をしているものです。

　兄としては、自身の考えに基づいて、申立て意向の有無を回答すれば問題ありません。申立てをする意向であれば、その方法等を同市に問い合わせることもできます。他方、申立義務はなく、申立てを強制されることはありません。その意向はないと回答をすれば足り、それによる不利益は一切ありません。

　首長申立てにおける親族調査については、前記平成17年通知に記載されているとおり、同通知に先立って、平成12年3月30日障障11号・障精21号・老計31号により、「市町村長は高齢者等の四親等以内の親族の

有無を確認した上で市町村申立を行う、との手続きを例示として示して」いたところから、申立権のある四親等内の親族全ての調査がなされていたものを、前記平成17年通知では、二親等以内の調査で足りるとしたものです。しかし、戸籍及び住所を調べあげ、更に手紙を送るなどして、申立ての意向を確認するという手順には二親等以内といえども長期間を要する場合も多く、首長申立てが迅速に進まない要因となっています。

　首長申立てを検討する案件は、虐待が関係している場合も多く、親族調査に時間を要している間に本人の生活や健康が更に脅かされる事態となる場合も多く、その改善は急務となっています。

　そもそも、法律上は、「本人の福祉のため特に必要と認めるとき」という要件のみです。実際に首長申立てがなされた場合に、他の親族の有無や申立ての意向があったかどうかについて家庭裁判所が調査をすることはありません。

　「本人の福祉」という観点から、各市区町村が、その必要性が見極め、必要に応じて、速やかに申立てを行うことが求められています。加えて、親族調査に時間を要し、本人の身体、財産に損害が生じるような事態となった場合、場合によっては、各市区町村に損害賠償等の責任が生じることもないとはいえません。

　親族の申立てが、首長申立てより優先するかのような解釈・運用は改められるべきでしょう。

【6】　首長が後見等開始審判の申立てをする際にも住所地特例がある？

　X市の特別養護老人ホームに入所しているAさんにつき、後見人を選任することとなりました。Aさんは、住民票上の住所は、入所施設所在地であるX市であるところ、介護保険法上の保険者は施設入居前の住所地であるY市です。この場合、首長申立てをなすべきなのは、どちらの市になるのでしょうか。

POINT	・住所地特例とは ・首長申立ての趣旨、要件と住所地特例の関係

誤認例	後見等開始審判申立ては、本人の住所地を管轄する家庭裁判所に申し立てるものであるから、首長申立ても本人の現在の住所地の市区町村がなすべきである。

本当は	法律上の定めはなく、本人の生活状況を的確に把握して、申し立てるのであれば、どちらが優先ということはない。

解　説

　介護保険制度、国民健康保険制度及び後期高齢者医療制度においては、基本的に被保険者である本人の住民票のある市区町村が保険者となるところ、本人が介護保険施設等に入所して住所を移転した場合も、引き続き従前の市区町村（住所移転前の市区町村）が保険者として要

介護認定、保険給付等を行うとする特例があり、住所地特例と呼ばれています。介護保険施設等が多い市区町村の介護給付等の負担が増え、そうではない市区町村との財政上の不均衡が生じる結果となることから設けられた制度です。

　後見等開始審判については、首長申立てが認められていますが（詳しくは【5】参照）、本人が住所地特例の対象者である場合、首長申立てをなすのは、住民票上の住所であるＡさんの入所施設所在地の首長なのか、住所地特例で保険者となっている従前の住所地の首長なのでしょうか。

　首長申立てについての法の規定は、老人福祉法32条、知的障害者福祉法28条、精神保健福祉法51条の11の2にありますが、どれもこの問題について定めていません。

　老人福祉法等で首長申立てが認められた趣旨は、市区町村が高齢者等に対する在宅サービス及び施設サービスに関する事務を一元的に行っており、これらの業務の過程において市区町村が本人の状況を的確に把握していることにあると考えられています（東京三弁護士会合同研修会「成年後見実務の運用と諸問題」ＬＩＢＲＡ2019年6月号3頁）。

　そこからすれば、本人に対する施設サービスに関する事務を取り扱っているのは住所地特例により施設入所前の市区町村であり、その首長が申し立てることが望ましいとも考えられます。

　ただ、成年後見制度の利用の必要性は個々の事案ごとに千差万別であり、入所している施設でも本人の生活状況は具体的に把握されているのであり、そこから申立てを行うことも十分に考えられます。

　どちらにせよ、本人の生活状況、財産状況等から、事案の課題を適切に把握して、「本人の福祉のため特に必要」と判断した市区町村が、住所地特例にこだわらず、迅速に申立てを行うことが、本人にとって最良の結果であると考えられます。実際、どちらの市区町村が申し立てても、申立権の有無が問題となることはありません。

【7】 外国人は日本の成年後見制度を利用できない？

　私達夫婦は、長年日本で生活していますが、最近、妻が認知症となり、判断能力が低下してきました。私は日本国籍ですが、妻の国籍は韓国です。妻は成年後見制度を利用できるのでしょうか。

POINT	・国際裁判管轄
	・法の適用に関する通則法の定め
	・後見等開始の審判における管轄
	・後見人等の職務の準拠法
	・外国人と任意後見制度

誤認例	成年後見制度は日本の民法に定めのある制度であり、外国人は利用できない。

本当は	法定後見制度も任意後見制度も利用できる。

解　説

　外国人と成年後見制度については、第一に日本の裁判所が、外国人に対して後見等開始審判をすることができるのか（国際裁判管轄）、第二に審判をする際に準拠すべき法は日本の民法なのか外国人の本国法なのか（準拠法）、第三に、後見人等の選任、その職務内容、権限は、

日本の民法なのか本人の本国法なのか（準拠法）、さらに第四には、外国人の本国にて既に後見人等の保護者が選任されていた場合、日本において、後見人等と認めることができるか、という問題があります。

　これらについては、法の適用に関する通則法（以下「通則法」といいます。）に一定の規定があります。

　まず、法定後見について検討します。

　第一及び第二については、通則法5条が、本人が「日本に住所若しくは居所を有するとき」は「日本法により」後見等開始の審判をすることができる、と規定しています。日本に住所又は居所があれば、日本の裁判所に国際裁判管轄があり、後見等開始の原因も日本の民法の規定によって判断することができるとしているのです。

　例えば、日本の法定後見制度は後見・保佐・補助の3類型がありますが、当該外国人の本国法には補助制度がないとしても、日本の民法の要件を充たせば、補助開始の審判をすることも可能です。

　第三の問題については、通則法35条が規定しています。なお、同条の後見には、成年後見のみならず、未成年後見も含まれています（木棚照一『逐条解説　国際家族法－重要判例と学説の動向－』440頁（日本加除出版、2017））。同条は、原則としては、本人の本国法が準拠法となるとしながらも（通則法35Ⅰ）、①本国法で後見等開始の原因があるが、「日本における後見等の事務を行う者がないとき」、②「日本において当該外国人について後見開始の審判等があったとき」については、後見人の選任、解任、権限などについては、「日本法による」としています（通則法35Ⅱ）。

　通則法35条2項2号の「後見開始の審判等」がなされると、日本法では、職権で後見人等の選任審判がなされます（民843Ⅰ・876の2Ⅰ・876の7Ⅰ）。つまり、日本に住所又は居所がある外国人に対しては、後見等開始の審判をすることができ、それにより、後見人等が職権で選任さ

れ、その権限等も日本法によることとなります。

　第四については、通則法でも規定しておらず、解釈に委ねられています。日本では、後見人等は、登記によりその権限を公示しています。外国には、こうした公示制度はない場合が多いので、別の何らかの方法で、本国法による後見人等の地位にあることを証明ができれば、その権限は認められることとなると思われます。

　任意後見については、通則法には明確な規定がおかれず、解釈に委ねられました。学説では、任意後見が代理権授与を基礎とする委任契約であることを重視し、通則法7条により、任意後見契約締結により当事者が日本法を選択したと解せるとする立場と、公的機関の監督を受ける身分法であり後見の一種であることを重視し通則法35条が適用されるとする立場に分かれています。いずれにしろ、外国人であっても任意後見制度を利用できると考えられています。

【8】 子の一人が親を囲い込んで、診断書が取得できない。このままでは、申立てはできない？

　私は、母Aの長女ですが、母と同居している長男が、母が認知症であるのをいいことに、母の年金を勝手に使っています。母のために財産を使えるように後見人を選任したいのですが、長男が母に会わせてもくれず、医療機関を受診することもできません。診断書がないと申立て自体もできないのでしょうか。

POINT	・申立ての必要書類
	・診断書の意義・役割

誤認例	診断書がないと申立ての類型も決められないので、後見等開始審判の申立てはできない。

本当は	申立て自体はできる。ただし、精神上の障害により判断能力に困難があることを示す何らかの客観的資料がなければ審理が進まず、鑑定を実施する必要がある。

解　説

　法定後見制度は、後見・保佐・補助の類型別に申立てをなし、それぞれの類型の該当性は、最終的には裁判官が判断します。診断書（成年後見制度用）は重要資料の一つとして、申立ての必要書類とされています。

　通常は、かかりつけ医がいればそこに依頼します。精神科医に限りません。本人の介護等を主に担っている親族は、福祉サービス及び医療機関との関係でキーパーソンと呼ばれますが、このキーパーソンや本人の同意がないと診断書は作成されません。本人の判断能力が十分ではない場合、本人がキーパーソンの判断に異議を唱えることは難しく、事実上、キーパーソンの判断で物事が進みます。

　キーパーソンである親族が、本人を囲い込み、診断書が取得できないことがあります。本問のように経済的虐待等があり、早期の対応が必要な場合も少なくありません。

　この場合、①申立類型をどう判断するのか、②必要書類たる診断書なしに申立てが受理されるのか、③受理されてもその後の審理はどうなるのかという問題が生じます。

　まず、①については、申立人が本人の状況から判断し、類型を選択するしかありません。申立人が把握している本人の生活状況、言動、財産状況などから、判断能力の困難性の程度を判断して申し立てることで問題ありません。

　②については、申立ての事情によって（申立事情説明書などで申立ての必要性やそれに至る事実経過を説明します。）、本人の判断能力に関する事情や課題が示せれば、診断書が提出されていないという一事のみで申立て自体が認められないということはありません。

　③については、成年後見制度は精神上の障害により判断能力に困難を抱える人が利用できる制度であることから、精神上の障害があることにつき、何らかの客観的資料がなければ、審理は進みません。財産管理者選任等の保全処分も基本的には認められません。

　診断書に代わるものとして、本人の精神の状況が分かる医療機関の診療録（カルテ）、介護事業者の介護サービス記録、行政の介護認定情報などの資料があります。通常は、本人あるいはキーパーソンの同意

がなければ開示を受けられませんが、家庭裁判所からの照会であれば、開示されるのが通常です。他の資料から、家庭裁判所が必要性を認めれば、照会がなされる場合もありますので、家庭裁判所が照会が必要であると判断できる資料（本人の判断能力の困難性、例えば親しい人の死を理解していないなど見当識が失われていることなどを示す資料）を提出することも有用です。

　本問のようなケースで、囲い込んでいる子に対し、他の子が本人たる親との面会する権利を認めた例があります（横浜地決平30・7・20判時2396・30）。ただし、子の親に対する面会権を、一般的に認めたわけではなく「子が両親の状況を確認し、必要な扶養をするために、面会交流を希望すること」を妨害してはならないとしています。本人のために、成年後見制度の利用が必要な状況があるのに、他の親族との接触を許さず、成年後見制度の利用を妨害するケースでは、仮処分の活用も検討できるということです。

　申立て用の定型の診断書が取得できず、本問のように親族間で紛争がある場合には、鑑定を行うこととなるのが通常です（鑑定については、【9】参照）。後々、鑑定等が行われ、異なった類型と判断された場合には類型変更の申立て（【14】参照）をすることになります。

【9】　鑑定を実施しないで、後見開始審判をすることはできない？

　私は父について、後見開始審判を申し立てたところ、鑑定をするので、費用を予納するように言われました。父は、認知症が進行し、2年前に母が亡くなったことも分からない様子です。こうした場合でも、費用をかけて鑑定をしないといけないのでしょうか。

POINT	・鑑定の意義 ・鑑定を省略できる場合

誤認例	後見及び保佐開始審判については、鑑定をすることが定められているので、省略はできない。

本当は	家庭裁判所において、いろいろな運用上の工夫があり、鑑定がなされずに審判が出される場合も多い。

解　説

　後見及び保佐開始審判をなすには、明らかにその必要がない場合を除いては、鑑定をしなければならないと定められています（家事119・133）。

　後見人及び保佐人は、本人のなした行為を取り消すことができます（民9・13）。このように、後見及び保佐の開始は、本人の行為能力に制

限を加えるものであるところから、「本人の能力に関する判断を、信頼性の高い資料により慎重に行い、本人の利益を保護する」との趣旨です（小林昭彦ほか編『新成年後見制度の解説〔改訂版〕』305頁（きんざい、2017））。

　しかしながら、実態として、平成31年の成年後見関係事件のうち鑑定を実施したのは、7.0%となっています（最高裁判所事務総局家庭局「成年後見関係事件の概況－平成31年1月～令和元年12月－」）。成年後見関係事件とは、後見開始審判（26,476件）、保佐開始審判（6,745件）、更に補助開始審判（1,990件）並びに任意後見監督人選任審判（748件）の4種類です。カッコ内の数は申立数ですが、後見及び保佐開始審判が、全体の9割以上を占めています。ここから、実際に鑑定が実施されるのは少数に限られていることが分かります。

　家事事件手続法の規定では、「ただし、明らかにその必要がないと認めるときは、この限りではない。」（家事119・133）とされ、例えば、本人がいわゆる植物状態（遷延性意識障害）の場合が例として挙げられます（小林ほか・前掲305頁）。

　申立てを受けた裁判所が鑑定の要否を判断しますが、禁治産制度の時代に比し、事件数が増加したことや、申立人や本人としても、鑑定の実施による審理の長期化や鑑定費用の負担を避けたいとの希望もあるところです。そこで、植物状態とまではいえなくても、認知症が重度で現代の医学では回復の見込みがない場合や、知的障害があり、重い程度の療育手帳の交付を受けている場合などについては、診断書の他の記載（各種検査の結果等）も合わせて考慮し、鑑定を省略する判断が多くなっています。

　利用者に不要な時間的、経済的負担をかけないという要請と、慎重な判断を保障する要請が共にあり、その運用においては、本人の利益を害さないよう、どういう場合に鑑定を省略できるのか、更に検討していくことも必要でしょう。例えば、本人が後見制度の利用を拒否し

ておらず、その課題に大きな困難性はない場合などは、鑑定を省略することも許されると考えられます。

　なお、【8】のように親族が本人を囲い込んでいる場合には、鑑定の実施にも困難があります。裁判所は、本人を囲い込んでいる親族に対し、親族照会として後見等審判の申立てがあったことを知らせ、親族の意見を聞いたり、家庭裁判所の調査官による面談調査を実施したり、裁判官自らが直接事情を聞く手続（審問）を行うなどします。本人に対しても同様に調査官面接などを行います。

　鑑定は鑑定を担当する医師も家庭裁判所が選定するなど中立性があり、こうした手続を行うことで、親族や本人も成年後見制度に対する理解を深め、その同意を得て、鑑定を実施できる場合が少なくないそうです。しかし、どうしても鑑定が実施できない場合は申立ては却下となります。

【10】　3類型（後見・保佐・補助）全て、開始審判には、鑑定が必要？

　成年後見制度は、行為能力を制限する制度であり、利用するには、鑑定が必ず必要なのでしょうか。

POINT	・制限行為能力制度
	・3類型
	・補助制度

誤認例	成年後見制度は、制限行為能力制度であり、制度利用に際しては、必ず鑑定を経る必要がある。

本当は	補助開始審判及び任意後見監督人選任審判に際しては、法律上、鑑定が必要とされていない。

解　説

　行為能力とは、「法律行為を自分一人で確定的に有効に行うことができる資格」です（佐久間毅『民法の基礎1　総則〔第5版〕』84頁（有斐閣、2020））。ところで後見人と保佐人は、本人がなした行為を取り消すことができます（民9・13Ⅳ）（ただし日常生活に関する行為は除かれています。）。すなわち成年被後見人及び被保佐人は、「法律行為を自分一人で確定的に有効に行うこと」ができず、後見人又は保佐人により、取り消されることがあり得るのです。こうした人を制限行為能力者と

いい、後見及び保佐を含む成年後見制度は制限行為能力制度といわれ
ます（民13Ⅰ・120）。

　成年後見制度には法定後見制度と任意後見制度があり、法定後見制
度は「後見」・「保佐」・「補助」の3つの類型に分かれます。成年後見人、
保佐人、補助人が、それぞれ選任され、代理権と同意権・取消権を行
使しながら、本人を支援していきます。

　成年後見人は、「財産に関する法律行為について」包括的代理権を有
し（民859Ⅰ）、取消権も有します（民9）。保佐人は、民法13条1項所定の
行為につき同意権・取消権を有します。さらに、必要があればそれ以
外の行為について同意権・取消権を拡張することもできます（民13Ⅱ）。
代理権については、被保佐人自身が申し立てるか、又は被保佐人の同
意を得て、付与審判がなされた特定の法律行為についてのみ有します
（民876の4Ⅰ・Ⅱ）。

　補助については、代理権も同意権・取消権も、被補助人が申し立て
るか、又は被補助人の同意を得て付与審判がなされた範囲でのみ、有
します（民876の9Ⅰ・Ⅱ・876の4Ⅱ・17Ⅰ・Ⅱ）。

　補助制度においては、「代理権を与えるだけであったり、行為能力を
制限する場合でも、その制限の程度が後見開始又は保佐開始の審判ま
でには至らない」こと、また、「本人の申立て又は同意を要件とする保
護措置として設計されていることから、利用者の利便性を考慮して」
鑑定が必要的とはされていないのです（小林昭彦ほか編『新成年後見制度
の解説〔改訂版〕』307頁（きんざい、2017））。敷衍すると、補助人は、代理
権と取消権双方を必ず有するとは限りません。代理権のみを設定する
ことも（民876の9Ⅰ）、同意権のみを設定することも可能です（民17Ⅰ）。
いずれも特定の法律行為に限られており、同意権については、保佐人
の同意権（民13Ⅰ）の一部に限定されています。補助人に代理権を与え
るだけの制度利用も可能ですし、行為能力の制限（同意権の設定）も

保佐人より限定的なのです。また、代理権や同意権の設定には、本人
による申立てあるいは本人の同意が必要です。つまり、本人の意思に
反しては設定できないのです。

　こうしたことから、鑑定ではなく診断書で足りることとされていま
す。

　任意後見制度は、自己の「精神上の障害により判断能力が不十分」
な状況に備え、自ら、任意後見人となる者との間で代理権を設定する
契約（任意後見契約）を締結します。

　任意後見監督人が選任されると、任意後見受任者は任意後見人とな
ります。任意後見人が有するのは、設定された代理権のみです。

　任意後見監督人選任申立ての際の、本人の判断能力の程度は、「不十
分」であることであり、法定後見の後見に該当する「判断能力を欠く
常況」（後見相当）であることまでは必要とされていません。この点、
任意「後見人」という呼称から、後見相当の判断能力でないと任意後
見の発効がなされないとの誤解もありますが、そうではありません。
ただし、任意後見監督人選任には本人による申立て又は、本人の同意
が必要とされています（任意後見4Ⅲ）。すなわち、本人が任意後見制度
による保護を望まないのであれば、発効しないこととされているので
す。「ただし、本人がその意思を表示することができないときは、この
限りでない。」（任意後見4Ⅲただし書）とされ、後見相当の診断書がある
ことのみをもって、「本人がその意思を表示することができないとき」
に該当するとの判断がなされる場合もあります。任意後見受任者とし
ては、本人の支援者として本人の意思・意向を丁寧に確認し、尊重す
ることが必要です。

【11】　母の後見開始審判申立てをしたいが、銀行口座が全て不明では申立てできない？

　私は、久しく実家を離れて生活していますが、母が自宅で倒れて入院してしまいました。判断能力の低下もあり、後見制度の利用を勧められています。申立てをしようと思いますが、自宅は数年前に亡くなった父の名義のままであることに加え、母の預金がどこにあるのか、全く分からないため、財産目録は作成できないのですが、申立てはできるのでしょうか。

POINT	・財産目録の意義 ・本人の財産が不明の場合

誤認例	後見人は、本人の財産を管理していくことが主要な任務であり、その財産が不明では申立て自体できない。

本当は	後見人が管理することになる財産の現状が明らかになることが目的であり、不明であれば、不明であることとその理由（申立人がこれまで管理していなかったから）を説明することで足りる。

解　　説

　後見等開始審判申立ての際には、本人の財産目録とその資料（預貯金通帳や不動産の登記事項証明書など）を提出するのが通常です。申

立てを受けた家庭裁判所は、本人の生活状況と共に、財産の種類（不動産の有無、金融資産の種類など）、それぞれの財産の多寡、収支の現状（収入は年金のみか、家賃収入などがあるか、収支は赤字か黒字かなど）、現在の管理者と管理方法、申立てに近接した時期における財産の変動の有無などを把握することを目的としています。これらの情報と本人の現在の生活状況、精神上の障害の程度等により、後見等事務上の課題を把握します。

　そして、その課題にふさわしい後見人等を選任するための資料とします。さらに、選任後の後見等事務遂行に対する後見監督にも活かしていきます。

　財産が不明であるというのは実際にもあります。本問のように、財産を管理していた本人が急に倒れてしまい、本人以外は、財産内容を把握していなかったという場合や、ある親族が本人の財産を管理していた（あるいは管理を助けていた）が、その親族が成年後見制度の利用に反対していて協力しないため、申立人である親族は把握できないという場合もあります。

　財産内容が不明であるというのは、それ自体、今後の本人の生活の方針を立てることを考えると、大きな課題となりますが、申立て段階では、財産は「不明」として申し立てること自体に問題はありません。

　ただし、可能な限り、申立て前に調査はすべきです。申立人の実家である母の自宅内には、預貯金通帳や年金証書など重要書類が保管されているはずです。また、郵便物の中にも金融機関からのお知らせなどの資料がある場合が多いものです。遺言書が見つかることもあり得ます。自宅不動産は申立人の亡父名義とのことですが、遺産として母の財産でもあります。平成31年4月から後見等開始審判申立ての手続関係書類が、全国的にほぼ統一され、相続財産がある場合には相続財産目録に記載し、その資料も提出することとなっています（東京家庭

裁判所ウェブサイト「後見サイト」参照)。不動産の場合は、全部事項証明書が資料となりますが、これは誰でも取得できます。

　そうした調査をした上で、判明した財産は財産目録及び相続財産目録に記載し、その余は不明として申立てをすることとなります。

　選任された後見人等は、財産調査をして、財産を把握することが最初の職務となります。郵便物の回送嘱託も検討する必要があります(回送嘱託については【33】参照)。

　財産を概ね把握できれば、それを基にして本人の今後の生活プランを立てていきます。こうしたケースでは、後見人等には、専門職が選任される可能性もあります。また、申立人が後見人等に選任された場合には、亡父の遺産分割協議については、後見人等と本人たる母とは相続人同士となり、協議をすることは利益相反行為となりますので、後見等監督人が選任されます。この場合の後見等監督人は、遺産分割協議という課題を解決することが主要な任務となりますので、協議が成立し、その課題が解決すれば、辞任する場合も多くあります。

【12】　後見開始の審判申立ては、審判が出るまでは自由に取下げできる？

　私の息子は重い知的障害があり、私と妻の三人で一緒に生活してきました。私も妻も70代となり、今後のことを考えて、息子の後見開始審判申立てをしました。私が後見人になるつもりでしたが、裁判所からは、専門職を選任すると言われ、驚いています。息子のこれまでの生活を知らない人では務まらないと思い、申立てを取り下げたいのですが、できますか。

POINT	・家事事件手続法121条1号 ・後見等開始審判の申立ての取下げ

誤認例	家事審判は、審判が出るまでは取下げができるのが原則であり、後見等開始審判申立ても、同様に取下げができる。

本当は	申立て後は、家庭裁判所の許可がなければ、取下げができない。

解　説

　後見等開始審判申立ての手続については、平成25年1月1日施行の家事事件手続法が規律しています。同法は「家事審判の申立ては、特別の定めがある場合を除き、審判があるまで、その全部又は一部を取り下げることができる」（家事82）と規定しています。

　しかし、成年後見開始の審判については、申立て後は、取下げには家庭裁判所（以下「家裁」といいます。）の許可が必要とされています（家事121一）。保佐開始審判及び補助開始審判も同様です（家事133・142）。

　家事事件手続法施行以前の家事事件を規律していた家事審判法では、取下げについての明文の規定がなく、取下げの可否及びその制限の有無については解釈に委ねられていました。

　後見等開始審判については、申立てが申立権者の義務とはされておらず、職権による開始が認められていないことから、特別な事情がない限り取下げを認める扱いが一般的ではないかと言われていました（小林昭彦ほか編『新成年後見制度の解説〔改訂版〕』284・285頁（きんざい、2017））。

　しかし、審判手続が進行し、精神鑑定、調査官による調査も終了して、審判の準備が整い、本人の状況から後見人を選任する必要性も存する場合であるのに、申立人が、第三者（専門職）の選任に反対して取り下げたと思われる事例がありました。取下げをそのまま認めれば、本人保護に欠ける結果となることもあり得ます。そこから、取下権の濫用と思える事態を避けるため、取下げの効力を否定できることが必要との考えもありました（東京家裁後見問題研究会編著「東京家裁後見センターにおける成年後見制度運用の状況と課題」判例タイムズ1165号66頁（2005）。以下「状況と課題」といいます。）。

　しかし、金融機関等に勧められ、後見開始の効果を十分理解しないままに申立てをした、あるいは、後見人報酬が負担できない、親族間で意見が合致しない、鑑定の結果、後見開始の審判の要件を具備しないことが明らかになったから等の理由で取下げがされる場合もあります。すなわち、取下げがされる理由、動機は種々多様であり、さらにその理由、動機が的確に、申立てを受けた裁判所には、判明しないことも少なからずあるとされていました（東京高決平16・3・30金判1196・26）。

　こうした議論を経て、家事事件手続法では、前記のとおり、取下げ

について、家裁の許可が必要との規定が設けられ、さらに取下書には、取下げの理由を明らかにしなければならないと定められました（家事規78）。

　家裁が、取下げを許可するか否かの基準については、上記「状況と課題」では、取下げの効力の判断のためには「本人の心身の状態及び療養看護の状況、財産状態、申立ての動機・目的、紛争の有無・状況、申立人が自薦候補者に固執する理由及び取下げの理由、事件の進行状況並びに本人保護の必要性等」を認定する必要があるとしているのが参考になります。そうした事情を総合考慮し、取下げを認めることが、本人保護に欠ける結果となることがないかを判断するものといえるでしょう。実務的には、申立人が、自薦候補者に固執し、第三者（専門職）が選任されることを避けようとして取り下げる場合が多く問題となりますが、後見人の選任は家裁の専権事項とされていることから、後見人の人選のみを理由とした取下げは原則的には認められないと考えられます。

　ただ、本問については、本人たる息子に関して、紛争はないようであり、療養看護上の課題も差し迫ったものではないようです。また、申立人たる父としては、息子の現状から、第三者による後見事務の遂行に不安を感じているのが取下げの理由のようです。こうした状況を合わせ検討すると、息子の財産状況や事件の進行状況にもよりますが、取下げが認められることもあり得ると考えられます。

　取下げが認められれば事件は終了します。申立人以外の親族でその結果に不服である場合、申立権を有していれば、自らが再度、後見開始審判申立てをすることとなります。取下げが認められなければ、後見開始審判が出されることになりますので、不服があれば、申立人は即時抗告により（家事123Ⅰ一）、事件の終了を主張して争うこととなります。

【13】　専門職を後見人候補者にすれば、必ず選任される？

　私の叔父は、会社を経営していますが、認知症が進行し、様々な問題が生じています。後見開始審判申立てをして、叔父が信頼している会社の顧問弁護士に後見人をお願いしようと思います。弁護士を候補者とすれば、必ずその人が選任されるのでしょうか。

POINT	・後見人の人選
	・専門職の意義
	・後見人候補者について

誤認例	専門職は、後見業務に通じているのであり、候補者として挙げれば、必ず選任される。

本当は	後見人の人選は、家庭裁判所の専権事項とされていて、候補者が必ず選任されるとは限らない。また、人選については、不服申立ての理由にならない。専門職が候補者とされていても同じである。

解　説

　後見等開始審判をするときは、家庭裁判所は、同時に職権で後見人等を選任します（民843Ⅰ・876の2Ⅰ・876の7Ⅰ）。申立てに際し、後見人等の候補者を挙げることができますが、候補者が選任されるとは限りま

せん。後見人等選任審判に対しては、即時抗告は許されておらず、その人選については、家庭裁判所の専権事項とされています。

平成31年の統計では、後見人等に選任されているのは、成年後見関係事件の合計35,709件のうち、親族が7,779件（21.8％）となっており、それ以外の専門職が多数を占めています（最高裁判所事務総局家庭局「成年後見関係事件の概況－平成31年1月～令和元年12月－」）。

現行の成年後見制度が始まった当初（平成12年）は、9割以上が親族後見人であったことからすると（最高裁判所事務総局家庭局「成年後見関係事件の概況～平成12年4月から平成13年3月～」）、専門職の増加が顕著な特徴となっています。

専門職とは、専門的知見を有するという趣旨です。後見事務についての専門職とは、弁護士等の資格を有し、所属する団体から、家庭裁判所に提出される後見人等候補者名簿（以下「名簿」といいます。）に登載されている者です。弁護士、司法書士、社会福祉士の3つの専門職が多くの割合を占めています。名簿登載に当たっては、各所属団体では、職務の経験年数、研修受講、保険加入などの要件をそれぞれ定めており、その要件を充足した者を名簿に登載しています。

後見事務の具体的内容は事案により様々ですが、基本的には、被後見人の身上に配慮して財産管理を行い、福祉サービスを適切に利用して、その人の希望に沿った生活を実現すべく身上保護事務を行っていくものです。後見事務を適切に遂行していくためには、高い倫理観と、法律及び福祉についての一定の知識を必要とします。

本問の顧問弁護士が、所属する弁護士会の名簿登載者であるかは不明ですが、名簿登載の有無は、選任に際しての重要な考慮要素の一つです。

また、親族間に、本人の生活や財産管理のあり方について、意見の違いなど、何らかの紛争（親族間紛争）がある場合には、申立人が推

薦する候補者は選任されない扱いです。申立人が候補者とした者が後見人等に選任されれば、意見が異なる親族にとっては、不公平あるいは適任ではないと感じられます。そのため、候補者が選任されても後見人等としての職務遂行に困難が生じ、ひいては本人の利益が害される恐れもあるためです。

　こうした考慮をしながら、家庭裁判所は当該事案で、最も適切と考えられる人を後見人等に選任します。それは、まさに家庭裁判所に任せられた専権事項なのです。

　なお、現状では、専門職が選任される割合が多くなっていますが、今後は、頼りになる親族や研修を受けた市民後見人が存する場合には、親族後見人や市民後見人を積極的に選任する方向性が示されています。いずれにしろ当該事案の課題に最も適した後見人等が選任されることが最重要です。

　本問でも、顧問弁護士であった者が事案の課題である会社の整理に適任であり、また、本人の信頼も厚いとの事情が存在し、親族間紛争もないのであれば、後見人等に選任される可能性もあるといえます。

【14】　後見開始の審判を申し立てたが、鑑定の結果は保佐相当であった場合、まずは、後見開始審判の取下げが必要？

　私の父母は、二人で暮らしていましたが、父が亡くなり一人暮らしとなった母は、認知症が進行してしまいました。母について、後見開始審判を申し立てたところ、鑑定が行われ、その結果は「保佐相当」というものでした。後見ではなく保佐となったのですが、後見の審判は取り下げて、改めて保佐開始審判を申し立てるのでしょうか。

POINT
・後見開始審判と保佐開始審判
・類型変更の手続
・変更の手続がなされない場合

| 誤認例 | 後見開始の審判と保佐開始の審判は別の審判であるから、まずは、後見の申立てを取り下げてから、保佐開始審判を申し立てる必要がある。 |

| 本当は | 類型変更の手続ができる。代理権付与審判申立て、補助相当であれば、更に同意権付与審判申立ての要否、及び本人の同意についても検討が必要。 |

解　説

　家事事件手続法は「申立ての基礎に変更がない限り、申立ての趣旨
又は理由を変更することができる」(家事50)と申立ての変更を認める
規定があります。申立人は、申立ての趣旨を変更する書面(後見開始
の審判ではなく保佐開始の審判を求める)、又は、予備的に保佐開始の
審判を申し立てる書面を提出するよう裁判所から促されるのが実務の
扱いです(東京家裁後見問題研究会編『後見の実務(別冊判例タイムズ36号)』
66頁(判例タイムズ社、2013))。わざわざ後見開始の審判を取り下げて、
新たに保佐開始の審判申立てをする必要はありません。後見、保佐、
補助の3類型相互については、「申立ての基礎に変更がない」と考えら
れ、それぞれ類型変更手続が可能です。

　ただ、保佐制度の場合、代理権の設定には、別途、付与申立てが必
要ですし(民876の4Ⅰ)、本人による申立てでない場合には、本人の同意
も必要です(民876の4Ⅱ)。類型変更手続の際には、事案に応じて、代理
権についても必要性や本人の意向などを、確認・検討する必要があり
ます。

　場合によっては、何らかの理由で、類型変更手続がなされないこと
があります。その場合の手続を検討しましょう。

　まず、保佐開始審判を申し立てたが、鑑定の結果は後見相当であっ
た場合など、申立ての見込みより重度と認定された場合については、
裁判所は、より重度の審判をすることはできず、申立てを却下するこ
とになるとされています(小林昭彦ほか編『新成年後見制度の解説〔改訂版〕』
113頁(きんざい、2017))。精神の状態がより重度の類型の方が、行為能
力の制限もより広範であり、当初の申立てが、より重度の類型の審判
申立てを包含すると解する余地はないためです。

　逆に、本問のように申し立てた類型よりも精神の状態がより軽度で

あった場合、申立人による類型変更の手続がなくても、より軽度の審判ができるのか、という問題があります。後見開始審判が申し立てられたが、保佐相当の認定となった場合、「①保佐開始の審判の申立てを含まないと明らかに認められる場合を除き、」「潜在的には保佐開始の審判の申立てがされているものとみなして、保佐開始の審判をすることができる」という考え方と、②手続上明示的に申立ての対象とされていない保佐開始の審判をすることはできず、後見開始の審判申立てを却下すべきである」との二つの考え方があるとされています（小林ほか・前掲113・114頁、東京家裁後見問題研究会編『後見の実務（別冊判例タイムズ36号）』38頁（判例タイムズ社、2013））。

　ただし、補助相当の認定となった場合、補助開始の審判については、代理権付与審判あるいは同意権付与審判とともにしなければならない（民15Ⅱ）という手続上の制約から補助開始の審判のみをすることはできません（小林ほか・前掲114頁）（【15】参照）。

【15】 認知症の初期で不安がある場合、具体的な代理権等は設定せずに、補助人を選任して将来に備えることができる？

私の母は、90歳となりましたが、一人暮らしをしています。最近、物忘れや記憶違いが目立つようになり、医師から認知症の初期と言われました。今すぐには、手助けが必要ではないのですが、念のため、私が補助人になっておけば安心です。認められるでしょうか。

POINT	・補助制度 ・補助開始の審判申立てと代理権・同意権 ・任意後見契約との関係

誤認例	補助は、後見、保佐と並ぶ法定後見制度の3類型の一つであり、判断能力が不十分との診断があれば、補助人を選任できる。

本当は	補助開始の審判は、同意権付与審判又は代理権付与審判とともにでなければすることができない。同意権も代理権も付与されていない補助人は選任できない。

解　説

法定後見制度は、後見・保佐・補助の3類型であり、その区別は、判

断能力の困難性による区別です。

　選任されるのは、それぞれ成年後見人・保佐人・補助人であり、それぞれ審判によって設定・付与された代理権あるいは同意権を行使して本人を支援していくこととなります。

　補助開始の審判の対象者は、「精神上の障害により事理を弁識する能力が不十分な者」（民15Ⅰ）とされています。すなわち、判断能力を「欠く常況」にある者は後見、「著しく不十分」な者は保佐の対象であり、判断能力が「不十分」の場合が補助の対象とされています。

　補助は、後見及び保佐に比し、判断能力が高い者を対象にしていることから、本人による申立て又は同意を要件とし、補助人の権限は代理権付与のみ、同意権の付与のみ、あるいは双方を付与のいずれも認められます。また、代理権や同意権の対象となる法律行為も選択が可能であり、同時に付与する場合でも、一致する必要はありません。例えば、福祉サービス利用の代理権と、借入金についての同意権を同時にあるいは別々に付与申立てをすることに問題はありません。ただし、同意権の対象となる法律行為は、保佐における同意権の範囲である民法13条1項各号の一部です（民17Ⅰただし書）。保佐よりも判断能力が高い人が対象ですので、保佐以上の行為能力の制限を加えるのは適当ではないからです。

　補助開始後に、別の代理権あるいは同意権につき、付与申立てをすることもできます。また、必要がなくなった代理権あるいは同意権を、取り消すこともできます（民18Ⅱ）。

　このように、補助制度は、「保護の内容・範囲の設定を全面的に当事者の選択に委ねており、当事者のイニシアティブによる自由度及び柔軟性・弾力性のきわめて高い制度」（小林昭彦ほか編『新成年後見制度の解説〔改訂版〕』48頁（きんざい、2017））なのです。

　補助人は、選任後、付与された権限を行使しながら被補助人の生活

等を支援していくものですが、補助開始の審判によって当然に一定の範囲の代理権又は同意権が発生するということはありません。そのいずれの付与も伴わないと実益がないと考えられ、「真に法的保護を要する者のみに制度の対象者を限定するため」（小林ほか・前掲51頁）、補助開始の審判は、代理権付与の審判、又は、同意権付与の審判とともにしなければならないと定められています（民15Ⅲ）。

　本間では、将来に備えておきたいということで、具体的な代理権や同意権の付与は考えられていないようであり、それでは、補助制度は利用できません。このような場合には、任意後見契約が適切と考えられます。任意後見契約は、精神上の障害により事理を弁識する能力が不十分な状況における自己の生活、療養看護及び財産の管理に関する事務の全部又は一部を委託し、その委託に係る事務について代理権を付与する委任契約です（任意後見2一）。母との間で、将来必要となるであろう代理権を設定しておき、必要が生じたときに、任意後見監督人の選任申立てをなして、任意後見人として代理権を行使することができます。

【16】　後見の登記事項証明書には、開始審判後の全ての事項が記載されている？

　私の父は、後見人が選任された後、特別養護老人ホームに入所し、住民票もそこに移動しました。登記事項証明書の住所は、自宅住所が記載されていましたが、住所変更の登記はどのようにするのでしょうか。また、自宅住所も、ずっと記載が継続されるのでしょうか。

POINT	・成年後見の登録制度
	・後見登記等制度
	・登記記録の変更と登記事項証明書

誤認例	現在の成年後見制度について、公示制度として登記ができ、開始審判の確定年月日、成年被後見人等の氏名、住所、成年後見人等の氏名、住所等が登記されることとなっており、変更があれば、登記事項証明書に、変更の履歴も全て記載される。

本当は	更正の登記事項、申請により変更された成年被後見人の施設入所前の住所などは、申請により取得する登記事項証明書には、特別の請求がない限り、記載されない。

解　説

　平成12年の民法改正により、現行の成年後見制度が始まりました。
従前の禁治産・準禁治産宣告は、戸籍に記載され、そのことに強い心
理的抵抗感を持たれたことが、利用を妨げる一因となっているとの批
判がありました。そこで新しい登録制度として、後見登記の制度が創
設されました。

　後見登記制度においては、成年後見、保佐、補助（以下「後見等」
といいます。）の登記、任意後見の登記、後見命令等の保全処分（【19】
参照）の登記の3つの種類があります。

　後見等の登記は、後見等開始の審判又はその取消しの審判、成年後
見人等選任の審判、更に保佐や補助の代理権や同意権の付与審判など、
最高裁判所の定める一定の審判があった場合、裁判所書記官からの嘱
託に基づいて、登記が行われます（後見登記4、家事116Ⅰ、家事規77Ⅰ一・
二・四〜八）。

　その後、登記されている成年被後見人等や後見人等の住所などに変
更が生じた場合、また成年被後見人等が死亡した場合は、これらの事
実を知った成年後見人等は変更の登記又は終了の登記を申請する必要
があります（後見登記7・8Ⅰ）。

　任意後見については、公証人が任意後見契約に係る公正証書を作成
したときに、当該公証人からの嘱託により登記が行われます（後見登記
5、公証人法57の3Ⅰ）。その後、家庭裁判所により任意後見監督人選任の
審判等がなされたときは、裁判所書記官からの嘱託により、その旨の
登記が行われます（後見登記5、家事116一、家事規77Ⅰ三）。任意後見人や
任意後見監督人等の氏名や住所等に変更が生じたり、任意後見人の死
亡や任意後見契約の解除等によって任意後見契約が終了したときは、

本人、任意後見受任者、任意後見人、任意後見監督人、職務代行者は、変更の登記又は終了の登記の申請をしなければなりません（後見登記7・8Ⅱ）。

　後見等開始の審判前の保全処分のうち、後見命令、保佐命令、補助命令がなされた場合、裁判所書記官の嘱託により、登記がなされます（後見登記4Ⅱ、家事116二、家事規77Ⅱ一前段）。同時に選任される財産管理者の氏名等も登記事項です（後見登記4Ⅱ三）。その後、本人や財産管理者の氏名、住所などに変更が生じたときは、申請による変更の登記がなされます。

　このようにそれぞれの登記において、成年被後見人等や後見人等の住所、氏名等が記録され、その変更があると、全て登記記録に反映されることになっています。

　これらの登記記録については、書面による申請により、登記事項証明書が交付されます。この登記事項証明書は成年後見人等が、取引をする場合に相手方に示すことで、後見人等の権限を証明することができます。登記記録がないとの証明書もあり、それを示すことで、成年後見制度の利用者ではないことを証明することもできます。

　登記情報は、判断能力というプライバシーに関わる重要な個人情報です。そのため、登記事項証明書の交付を請求できる者は、当該登記に記録されている者（成年被後見人等や成年後見人等）、及び成年被後見人等の配偶者又は四親等内の親族である者に限られています（後見登記10Ⅰ一〜七）。これにより、取引の安全の要請とプライバシー保護の要請との調和を図ろうとしているものです。

　本問のように、成年被後見人等の施設入所前の自宅住所や成年後見人等の更正前の住所等については、登記記録には残るものの、登記事項証明書により公示する必要性には乏しく、かえって表示しないでは

しいとの要請もあったことから、「特別の請求のない限り、変更前の登記事項の記載をすることを要しない」（後見登記等に関する省令20Ⅱ　平成30年12月1日施行）とされました。記載の必要があれば、その理由を記入して、申請できます。

第 2　審判前の保全処分

【17】　本人の預貯金が使い込まれていて、一刻も早く勝手な流用を止めさせたい場合は、まずは財産管理者の選任を申し立てられる？

　80代の一人暮らしの女性のことで、民生委員から地域包括支援センターに相談が寄せられています。甥が頻繁に自宅を訪問し、女性の通帳とカードを持ち出しては、勝手にお金を使っています。すぐに、勝手な流用を止めさせたいのですがどうしたらよいでしょうか。

POINT	・保全処分 ・財産管理者の選任 ・審判との関係

誤認例	一刻も早く、被害を食い止める必要があり、審判申立ての準備をしつつも、まずは財産管理者選任の保全処分申立てができる。

本当は	保全処分により、財産管理者選任を申し立てる際には、後見等開始の審判申立ても必要。

解　説

　本問のように、本人の判断能力が不十分であることを利用して、他者が財産侵害を行っているなどの場合、後見等開始審判、更にはその確定まで待っていては、被害が更に拡大してしまいます。後日、後見人等が選任されたとしても、その回復が容易ではないことも多くあります。

　そうした場合には審判前の保全処分を検討します。

　審判前の保全処分については、「本案の家事審判事件」「が係属する家庭裁判所は」「必要な保全処分を命ずる審判をすることができる」（家事105）と定められています。「本案」とは、本来目的としている審判事件のことであり、本問でいえば、後見等開始審判事件です。それが「係属」していること、すなわち後見等開始審判も申し立てられ家庭裁判所に事件として係属していることが必要とされています。ですので、本案の審判申立てと同時か、又はその後に、財産管理者選任の保全処分申立てを行う必要があります。財産管理者が選任されても本人の財産管理権は失われませんが（【18】参照）、家庭裁判所により第三者が選任され、本人財産の管理権を持ちますので、財産侵害に対する防波堤としての効果は大きいものです。

　申立人は、限定されておらず、後見等開始審判の申立人に限られません（後見の場合は家事126Ⅰ、保佐の場合は家事134Ⅰ、補助の場合は家事143Ⅰにて準用されています。）。後見命令等（【19】参照）と異なる点です。ただし、前記のとおり、本案の後見等開始審判申立ても必要であり、本案と同時に本案の申立人から申し立てられる場合がほとんどです。

　申立てが認容されるためには、後見等開始審判がなされる蓋然性があることと、本人の財産の管理のため必要があること（必要性）が要件です。

　第一に、蓋然性とは、後見等開始審判がなされる確実性の度合いであり、診断書（成年後見制度用）が最良の資料となります（東京家裁後見問題研究会編『後見の実務（別冊判例タイムズ36号）』65頁（判例タイムズ社、2013））。しかし、診断書がなくても、介護保険の要介護度認定用の主治医意見書や、入通院している医療機関のカルテなども考えられます。申立人が、本人のキーパーソン（【8】参照）ではない場合、それらを取得することが難しいことがほとんどですが、家庭裁判所から医療機関等に照会をしてもらうことも考えられます。その際、申立人が、照会の必要性を主張する必要があります。例えば、本人の判断能力の困難性が分かる会話（自身の居所を理解していない、配偶者や親などの近しい親族について、既に亡くなっていることを忘れている発言など）を録音したテープなども有用な場合もあります。

　第二に、財産管理者選任の必要性を示す事情も必要です。後見等開始審判を待っていたのでは、本人の財産が減少し、本人に損害が生じるおそれがあるなどの事実を主張します。本問のように親族が、本人の預貯金を使いこんでいる事実（本人の口座から毎日のようにカードによる出金がある、あるいは頻繁に多額の振込みがあるなど）が分かる預貯金通帳のコピー、本人には不要と思われる高額商品の購入の契約書などの資料を提出することが考えられます。

　財産管理者が選任された場合も、その効力は、「後見開始の申立てについての審判が効力を生ずるまでの間」です（家事126 I）。現在、後見等開始審判は、申立てから、2か月以内に出される場合が75.7％（最高裁判所事務総局家庭局「成年後見関係事件の概況－平成31年1月～令和元年12月－」）となっています。その期間の間には損害が拡大し、審判及びその確定を待てないという緊急性がある事情が必要となります。

【18】　財産管理者が選任されると本人は財産管理権を喪失する？

　【17】のケースで、居住自治体の首長が、後見開始審判と財産管理者選任の保全処分を同時に申し立て、本人Ａさんの財産管理者として、Ｂ弁護士が選任されました。今後は、Ｂ弁護士は、Ａさんの財産は全て管理するのでしょうか。Ａさんが近くの銀行で自分の預金を払い戻すことはできなくなるのでしょうか。

POINT	・財産管理者の権限 ・本人の財産管理権

誤認例	家庭裁判所が本人について財産管理者を選任したのだから、財産管理権は全て選任された財産管理者に帰属する。

本当は	財産管理者選任によっては、本人の財産管理権は影響を受けず、財産管理者と本人の財産管理権が並立する。

解　　説

　財産管理者とは、後見等開始審判の確定を待っていたのでは、本人の財産に損害が生じるおそれがあるなどの場合、家庭裁判所により「審判前の保全処分」として選任されるものです（【17】参照）。

　選任された財産管理者は、「原則として、民法103条所定の範囲内で代理権を有する法定代理人の一種です」。その選任によって、「本人の

財産管理権は影響を受けないため、理論的には、本人と財産管理者の二人が本人の財産を管理することができることになります」（東京家裁後見問題研究会編『後見の実務（別冊判例タイムズ36号）』63頁（判例タイムズ社、2013））。

　財産管理者の権限は、上記のとおり「民法103条所定の範囲」、すなわち管理行為に限られています。処分行為をなす必要があれば、家庭裁判所に権限外行為として許可を得ることが必要です（家事126Ⅷ、民28）。具体的に、権限外の行為となるのは、売買契約の締結、抵当権の設定、賃貸借契約の締結・解除、遺産分割、施設入所契約などです。

　本人の預貯金の払戻し、解約については、「保存行為の一種ですので、許可を要しないと解されています」（東京家裁後見問題研究会・前掲63頁）。これは、口座のある銀行等の金融機関と本人との預貯金契約は消費寄託契約であるためです。まず、寄託契約とは、寄託者が物を預ける契約です。預けられる側を受寄者といいます。例えば、駅などに配置してあるロッカーに物を入れて預かってもらうのも、預けた人（寄託者）とロッカーを設置した会社等（受寄者）との間に寄託契約が成立しています。寄託契約では預かった物を保管し、そのまま寄託者に返還することが契約内容となっています。

　それに対し、消費寄託契約とは、受寄者が、預かった物を消費する（つまり使う）ことが許されていて、寄託者に対しては、それと同種・同等・同量の物を返還すればよいとされる寄託契約です。預貯金について考えると、寄託者は、銀行等にお金を預けますが、預けたお金の現物をそのまま返還してもらうことは想定されていないことは明らかです。払戻しを請求すると、同種・同等・同量の現金の返還を受けるという契約内容です。銀行等は、預けられた金員をそのまま保管するのではなく、投資をするなど消費することが予定されていますので、法的性質は消費寄託契約なのです。そこから、預貯金の払戻しという

法律行為は、消費寄託契約に基づく寄託物（現金）の返還請求権の行使です。既に締結した契約の履行を求める行為であり、処分行為ではないと考えられているのです。

　選任された財産管理者は、本人の預貯金口座を管理し、必要な生活費等を払い戻して、本人に届けるなどの権限を有しています。

　他方、本人も財産管理権を失わないため、本人が口座から払い戻す権限もあります。本人が、甥にカードを渡して払戻しを依頼する権限も、本人の意思無能力（【20】参照）は別論として、ないとはいえません。

　しかし、後見等開始審判の申立てがあり、財産管理者選任の保全処分が発令されたということは、後見等開始審判がなされる蓋然性があり、また第三者による財産管理の必要性を家庭裁判所が認めたからです（【17】参照）。そこから、銀行等に、財産管理者選任の事実を知らせると、銀行等も、本人の意思能力を慎重に見極めようとします。特に払戻しについては、結果として本人に経済的損害が生じ、銀行等の責任を追及されるおそれもあることから、慎重な対応となるのが通常です。

　このように、財産管理者の選任により、財産侵害の拡大を防止することとなりますので、積極的な活用が望まれます。

【19】　後見命令が出された場合、選任された財産管理者には、後見人と同じ権限がある？

　私の妹Ａは、知的障害がありますが、両親と自宅で生活していました。最近、両親が相次いで亡くなり、遺産分割協議により、自宅は妹の所有としました。妹から、先日、自宅を売却しようと思うと連絡がありました。なんでも時価の倍額で買ってくれて、妹がそのまま住んでいていいと言われたそうです。どうも怪しい話なので、妹について、後見開始の審判と共に後見命令の申立てをしたところ、後見命令が出され、Ｂ弁護士が選任されました。今後は、Ｂ弁護士が後見人同様に全てを行うことになるのでしょうか。

POINT	・後見命令
	・後見命令の効力
	・財産管理者の権限

誤認例	後見命令が発令されたということは、選任された者が後見人と同じ職務を果たしていくということであり、財産管理全般を成年後見人同様に遂行していくこととなる。

本当は	後見命令は、財産上の行為につき財産管理者の後見を受けること、すなわち財産管理者に取消権を与えるものである。財産管理者には一定の代理権はあるものの、包括的な代理権が付与されるものではない。

解　説

　後見命令、保佐命令、補助命令（以下「後見命令等」といいます。）
は、審判前の保全処分の一つです。それぞれ後見開始審判、保佐開始
審判、補助開始審判と、同時あるいはその後に、財産管理者の選任（【17】
参照）と併せて申立てをします。

　後見命令が発せられると、本人がした財産上の行為（ただし、日常
生活に関する行為は除きます。）につき、本人及び財産の管理者は取り
消すことができることとなります（家事126Ⅶ）。

　保佐命令が発せられると、本人の財産上の行為のうち、財産の管理
者の同意を得ないでなした民法13条1項に定める行為について、本人
及び財産の管理者が取り消すことができることとなります（家事134
Ⅴ）。

　補助命令が発せられると、補助開始審判と同時あるいは補助開始後
になした補助人の同意を得ることを要する定めの申立てに係る行為に
ついて、財産の管理者に取消権が発生します（家事143Ⅴ）。

　このように後見命令等は、いずれも財産管理者の選任申立てと併せ
て申し立て、財産管理者に、本案の後見等開始の審判によって選任さ
れる成年後見人等が有する取消権が付与されるものです。すなわち、
後見等開始審判を待たずに、取消権を先取りする制度といえます（東
京家裁後見問題研究会編『後見の実務（別冊判例タイムズ36号）』64頁（判例タイ
ムズ社、2013））。また、財産管理者の選任申立ては申立人が限定されて
いませんが、後見命令等の申立人は、後見等開始審判の申立人に限定
されています。

　後見命令等は、当該事案の内容が、財産管理者の選任のみでは足り
ず、「財産の保全のために特に必要があるとき」との要件がそれぞれ定
められています（家事126Ⅱ・134Ⅱ・143Ⅱ）。すなわち、本人財産の侵害

のおそれがあり、本人の生活、財産を守るためには、取消権の付与の必要性があることが要件です。

　本問で言えば、妹Aさんが、自宅を売却してしまうと生活の基盤である住居が失われてしまいます。「住んでいていい」との買主との口約束が守られる保証はありません。そこから、取消権の付与が必要と考えられます。自宅の売買に関する書類や手付金の領収証などを提出して必要性を主張することとなります。

　後見命令が認められると、選任された財産管理者は、本人がなした財産上の行為を取り消すことができますので、選任後にAさんが売買契約を締結しても取り消すことができます。その場合、手付金を既に受領していれば、返還します。選任前に既に売買契約を締結してしまっていた場合でも、買主の説明に詐欺的内容があったり、Aさんに錯誤があれば、それによる取消し（民96・95）の主張ができる場合があります。また、本人の意思能力の有無についても、財産管理者として、検討が必要です（【20】参照）。

第3　財産管理

【20】　後見人は、選任前の法律行為を取り消すことは できない？

　80代の女性Ａさんに最近、成年後見人が選任されました。Ａさんは、業者に、本当は屋根工事は不要であるのに、虚偽の説明をされて、手付金を払わされています。成年後見人には取消権があると聞いています。取り消して、手付金を取り戻せるのでしょうか。

POINT	・成年後見人の取消権 ・取消権が行使できる場合 ・選任前の法律行為

誤認例	成年後見人は法律行為を取り消せるのであるから、本人の行為を取り消すことができる。

本当は	後見人としての取消権は、後見開始審判確定後に行使できるものであるが、既に発生している取消権の主張は可能。意思無能力についても検討が必要。

解　説

　成年被後見人は、「判断能力を欠く常況」にある者であり、「本人が

自ら法律行為を行う場合には、自己に不利益な行為を誤って行ってしまうおそれがあります。」そこから「成年被後見人が自ら行った法律行為は、原則として、本人又は成年後見人においてこれを取り消すことができ」ます。「仮に成年後見人が同意をしていたとしても、本人がその同意に従って適切に契約の締結等を行うことができるとは限りませんので」「成年後見人はその同意の有無にかかわらず」「取消権を行使することができるものとされています」(小林昭彦ほか編『新成年後見制度の解説〔改訂版〕』105頁 (きんざい、2017))。

　保佐の場合は民法13条1項に定められた行為、又は、審判により保佐人の同意を要するとされた行為について、補助の場合は審判により補助人の同意を要するとされた行為について、それぞれ同意なしに行われた場合に取消権が発生します (民13Ⅳ・17Ⅳ)。このように、保佐及び補助において、同意権と取消権の範囲は常に一致します。

　こうした成年後見人、保佐人、補助人 (補助については、申し立てられた審判により付与された行為のみ) の取消権は、成年後見人等の地位に基づいて付与されているものです。そのため、成年後見人等の地位が発生した後、すなわち選任審判が確定した後にしか発生しません。同意できる地位があるからこそ、取り消せるのですから、同意をできる地位・権限がないときに本人がなした法律行為については、成年後見人等としての取消権は発生しないのです。

　しかしながら、本人が後見等開始審判・選任審判の確定時に既に取消権を行使できる場合、選任された成年後見人等が本人の持つ取消権を代理行使することは可能です。ただし、保佐人と補助人の場合には、取消権行使の代理権が付与されている場合に限ります。

　例えば、本問のように、虚偽の説明をされた場合には、工事契約を詐欺により取り消すことができます (民96)。また、業者がAさんの自宅を訪問して契約をしていたのであれば、訪問販売として特定商取引

に関する法律9条の3による取消権があります。成年後見人等選任時
に、本人が既にこうした取消権を有しているのであれば、それを代理
行使することが考えられます。

　これらの取消権はＡさんが、「騙されて契約した」などの事実が必要
であり、成年後見人等であるという事実だけでは取消しが認められる
ものではないという違いがありますが、成年後見人等としては、行使
が可能であれば行使して、Ａさんの権利・利益を守ることが必要です。

　また、成年後見人については、後見が開始された本人は、判断能力
を欠く常況にあると判断された人です。この場合の本人は、意思無能
力とされる場合も多いといえます。意思能力とは、自己の行為の結果
を判断することのできる精神的能力であって、正常な認識力と予期力
を含むとされています。近代法の大原則である意思自治の原則から、
法律行為が有効であるためには当該法律行為の結果を判断することが
できる精神的能力として意思能力が必要です。意思能力がない者の行
為は、その者の意思に基づくとはいえないので、その行為の法律効果
をその者に帰せしめる根拠がないのです。そこから意思無能力であれ
ば、その法律行為は無効です。

　後見が開始された時期に近接した時期になした法律行為について
は、意思無能力と認められる場合も多いと思われ、成年後見人として
は、本人の意思能力の有無についても検討し、意思無能力による無効
主張についても検討する必要があります。

【21】　初回報告は、全ての預貯金口座の残高証明書を取得し、正確に作成する義務がある？

　後見等開始審判書と共に財産目録と年間収支予定表を作成して提出するようにとの書面が家庭裁判所から送られてきました。財産目録を作成するには、銀行等の口座は全て残高証明書を取得する必要がありますか。

POINT	・成年後見人の財産管理権
	・初回報告の意義
	・財産目録の意義
	・財産目録の作り方

誤認例	財産管理は、成年後見人の重要かつ主要な職務であり、財産目録は正確に作成する必要がある。そのため、全ての金融口座の残高証明書が必要である。

本当は	事案によるが、銀行口座及び証券取引等につき、その有無は調査済みで、概要を把握していれば、一部調査中でも、初回報告として十分な場合もある。

解　　説

　成年後見人は選任されると、「遅滞なく被後見人の財産の調査に着手し、一箇月以内に、その調査を終わり、かつ、その目録を作成しな

ければならない。」（民853 I 本文）と規定されています。財産目録の作成を終わるまでは、「急迫の必要がある行為のみをする権限を有」します（民854本文）。また、「後見人は、その就職の初めにおいて、被後見人の生活、教育又は療養看護及び財産の管理のために毎年支出すべき金額を予定しなければな」りません（民861 I）。

　家庭裁判所は後見を開始して成年後見人を選任すると、期限を定めて、財産目録の作成と年間の収支の予定表の作成を求めます。成年後見人からすると、家庭裁判所に対する最初の報告となるので、初回報告と呼ばれます。

　成年後見人は、成年被後見人の権利・利益の擁護者であり、その財産を適切に管理していくことを主要な職務の一つとしています。この財産管理事務を適切に遂行していくためには、その前提として、財産の全貌を正確に把握していることが必要です。管理から外れた財産があれば、その財産を成年被後見人のために活用することもできませんし、万一、その財産が侵害されても気付くことができなくなってしまいます。

　また、成年後見人として、成年被後見人の意思を尊重し、身上保護事務を遂行していくに際しても、財産状況（預貯金の多寡、種類、収入と支出など）の把握が必要となります。成年被後見人がどんな生活を送っていくのかを考える上で、財産状況抜きに検討はできないからです。

　成年後見人が把握し、作成した財産目録と年間収支予定表は、家庭裁判所に提出します。成年後見人は、家庭裁判所の監督（民863）を受けて、後見事務を遂行していきます。監督機関である家庭裁判所も、成年後見人が管理している成年被後見人の財産について、その内容を正確に把握することが必要です。それなしに後見事務が適切か否かを判断することはできないからです。

　以上のとおり、成年被後見人の財産状況、収支状況の全貌を把握することが、成年後見人が本人のために適切に後見事務を遂行していくためにも、その後見事務を家庭裁判所が監督していくためにも、必要であることから、後見人による財産目録と年間収支予定表の作成と家庭裁判所に対する報告が定められているのです。

　このように重要な財産目録ですが、全ての預貯金、証券取引などにつき残高証明書の提出が必ず求められるものでもありません。例えば、同居の親族がいることから、それまでの財産状況がほぼ分かっていて、通帳も揃っているというようなケースでは、通帳や証券会社からの取引残高報告書などのコピーのみで足りると思われます。逆に、それまで財産全てを本人のみが管理していて他の人には財産状況が不明である場合や、預貯金の残高が高額である場合、使途不明の払戻しが多数あるなどの場合には、残高証明書を取得して、正確な金額を把握する必要性が高まります。家庭裁判所によっても扱いが違いますので、確認が必要です。

　家庭裁判所に提出した財産目録、年間収支予定表は、後見人としても、その後の後見事務遂行の拠り所となります。折に触れ、また、その後の家庭裁判所に対する報告の際に、振り返り、本人のための財産管理を検討することが必要です。

【22】　被後見人が今後、施設入所予定である場合、入所施設の費用を確認し、今後の収支予定を立てる必要がある？

　成年被後見人は、現在、自宅で生活していますが、今後、特別養護老人ホームに入所する予定です。私は、成年後見人に選任されましたが、初回報告において、年間収支予定表を作成する際には、施設費用を確認して収支予定を立てなければならないのでしょうか。

POINT	・初回報告
	・年間収支予定表
	・施設入所の予定

誤認例	年間の収支を予定することは、成年後見人の義務であるから、施設費用も正確に計上する義務がある。

本当は	施設入所の予定がまだ具体化されていなければ、現状の収支を報告することで足りる。

解　　説

　成年後見人は、「その就職の初めにおいて、被後見人の生活、教育又は療養看護及び財産の管理のために毎年支出すべき金額を予定しなければならない。」(民861 I) と規定されています。そこから、初回報告

（【21】参照）では、財産目録と共に年間収支予定表の作成と提出が求められます。「この費用の支出を後見人の専断に任せることは、被後見人の不利益となるおそれがあるから」「必要な毎年の予定額を定め、その限度にしたがわしめることによって、被後見人の財産を保護するために設けられた規定」（於保不二雄＝中川淳編『新版注釈民法(25)親族(5) 親権・後見・保佐及び補助・扶養－818条～881条〔改訂版〕』433頁〔中川淳〕（有斐閣、2004））です。

　成年後見人は、成年被後見人の財産状況に応じて、適切な福祉サービスを利用するなどして、その意思・意向・希望に沿った生活を送ることができるように支援していくことを職務としています。そのためには、成年被後見人の財産状況・収支状況を把握することは不可欠です。まずは、現状として、預貯金等の金融資産の金額、不動産所有の有無等の財産状況と共に現状の収支を把握します。

　収入については、年金や配当金、家族からの援助などの項目に分けて記載します。支出については、生活費（食費など）、施設費（デイサービスなど）、住居費（家賃、住宅ローンなど）、税金、保険料（介護保険料、国民健康保険料など）、その他などの項目に分けて把握します。家庭裁判所に所定の書式がある場合が多いので、それを確認して、書式に沿って記載することとなります。項目については、事案の実情が分かりやすいように、適宜、修正することは問題ありません。

　本問では、本人は、特別養護老人ホームに入所する予定とのことです。具体的に入所するホームが決まっていて、その時期が近接しているのであれば、その費用も明らかですので、それに基づいて記載することが必要です。しかし、そうではなく、これから入所先を探して申込みをするのであれば、現状では、具体的な入所先施設の費用が明らかになりません。時期も不明ですので、現状を報告するしかありませんし、それで特に問題はありません。

　年間の収支を予定する目的は、成年被後見人の現状の財産的側面を後見人として具体的に把握して、今後に役立てることにあります。現状の収支状況から、福祉サービスの利用を増やすことの可否、適否の検討、施設入所する場合の施設費用の上限を検討するのに、財産状況・収支状況は欠かせない情報です。

　さらに、成年被後見人の希望・意向をよく聞き、把握して、今後の生活を組み立てていくことが必要です。施設入所については、成年後見人は未成年後見人及び親権者と異なり、成年被後見人に対する居所指定権はありません。あくまでも成年被後見人の意思・意向を尊重して、その同意・納得を得て施設を決定する必要があります。後見事務遂行全般についても、安易に代行決定をすることなく、成年被後見人の意思決定を支援していくことが重要とされています。言葉で説明するだけではなく、一緒に見学に行ったり、実際に体験入居をしてみるなどの経験も有用です。成年被後見人の周りの親族や福祉関係者と共に、その意思・意向・選好を十分に尊重していくことが求められています。

【23】　後見人に選任されたら、本人口座のある金融機関には届出をする義務がある？

　後見人に選任されたら、本人口座のある銀行に届出をすることが必要と言われました。必ず、全ての銀行に届出をしないといけないでしょうか。

POINT	・成年後見人の財産管理 ・銀行取引 ・本人による銀行取引

誤認例	成年後見人は本人の財産につき、包括的代理権を有しており、全ての財産を管理すべき善管注意義務を負っているのであるから、全ての銀行等に届出をして、自己の管理を始める義務がある。

本当は	基本的には全ての銀行等に届出をなすが、本人の状況によっては、本人や同居の親族に管理を任せ、届出をしないことも許される。

解　説

　成年後見人は、成年被後見人の財産については包括的に代理権があります（民859 I）。そこから、財産全般について管理義務があり、適切な管理をなすべく善管注意義務が課せられています。

　成年被後見人は、特に財産に関する法律行為との関係では、判断能力を「欠く常況」（民7）にあると判断されているのであり、成年後見人がその法定代理人として、その財産を適切に管理することが求められているのが原則です。

　しかしながら、成年被後見人といっても、その生活状況は様々です。福祉サービスを利用したり、同居の親族の支援を受けるなどして、自宅での生活を続けている方も多くいます。そして、自ら、あるいは同居の親族が通帳と届出印、あるいは、キャッシュカードを使用して、払戻しを行い、生活費を賄っているという場合もあります。

　このような場合、成年後見人が、通帳の引渡しを受けるのは、一般的には困難です。成年被後見人としては財産を取り上げられると感じたり、通帳が手元からなくなってしまうことに不安を感じてしまうのです。

　また、特に在宅で生活している場合、生活費がその口座で賄われているので、それを後見人の管理としてしまうと、生活がうまく回らないということもあります。

　成年被後見人の意思決定を支援し、その希望する生活を支援していくという成年後見人の職務からすると、わざわざ成年被後見人の生活がしにくくなるような財産管理方法はとるべきではありません。ですので、成年被後見人又は同居の親族が使用し、かつ適切に使用できている口座については、そのままとすることも許されると考えられます。

　この場合、銀行等に届出をしないこととなる場合が多いと考えられます。なぜならば、多くの銀行等では届出をすると、成年後見人だけが、その口座を管理・使用でき、本人は使用できなくなる扱いだからです。保佐や補助の場合でも同様で、銀行等の取引につき、代理権が付与されている保佐人・補助人が、銀行等に届出を行うと、保佐人・補助人のみが口座取引を行う者となり、被保佐人・被補助人は取引で

きなくなる場合がほとんどです。

　被保佐人・被補助人は、判断能力を「欠く常況」にはなく、実際にも適切に口座を管理している場合が、成年被後見人に比し、更に多いものです。保佐あるいは補助の届出をしたからといって、一律に本人は取引できないとする扱いは変更が望まれます。

　銀行等としては、システム変更が必要となり、かつ、紛争を過度に恐れて、本人による取引を認めていないものと思われます。しかし、銀行等の口座は、本人が地域で暮らしていくためには不可欠であり、それにふさわしい取引形態が認められるべきです。

　ただし、口座取引について、成年後見人等は全く感知しないとすることは不適切であり、取引内容については、把握しておく必要があります。取り消すことが必要な払戻しがあれば、取消権を行使すべきであり、そうした検討ができるだけの見守りは必要です。

　また、多額の使途不明金が生じるなど成年被後見人等に損害が生じることがないように、口座の残高を必要な額に抑えるとともに、成年被後見人等と連絡を取り合って見守るなど、財産を守っていくことも必要です。こうした限度では、その口座も成年後見人等が管理しているともいえます。

　成年後見人等として、成年被後見人等と話し合いながら、生活状況を確認し、その人の生活を支援していくという姿勢が、最重要といえます。

【24】　保佐開始の届出を行う前になされた被保佐人による銀行預金の払戻しを保佐人は取り消すことができる？

　私はAさんの保佐人に選任されましたが、銀行取引の代理権は付与されておらず、銀行に保佐の届出は行いませんでした。その後、Aさんは、銀行のキャッシュカードを使って、次々と預金を払い戻して費消してしまいました。私は保佐人としてAさんのなした預金払戻しを取り消すことができるのでしょうか。

POINT	・保佐人の取消権 ・届出前の行為

誤認例	銀行取引の代理権がない以上、どこの金融機関に口座があるのかの調査すらできず、届出もできないのであるから、それにより取消権が制限されることはない。

本当は	被保佐人による取消しを認めなかった高裁の判例があるので、保佐の届出は、可能な限りすることが望ましい。

解　説

　銀行取引の代理権が付与されていない保佐人及び補助人の場合には、銀行口座を管理する権限がないため、管理する義務もないと考えられます。そのため、家庭裁判所の報告に際しても、財産目録の提出

は求められない扱いです。

　しかしながら、保佐人は、民法13条1項に定める法律行為につき同意
権（取消権）を有します。同意権（取消権）を付与された補助人も同
様です。以下、保佐人について考えます。

　銀行からの預金の払戻しは、民法13条1項1号の「元本の領収」に該
当し、保佐人の同意を要する行為です。被保佐人が保佐人の同意を得
ずして、預金の払戻しを行った場合は、「取り消すことができる」と民
法13条4項は規定しています。保佐人及び被保佐人双方が取り消すこ
とができます（民120Ⅰ）。

　他方、銀行等の約款には、成年後見等が開始した場合には、直ちに
届け出ること、及び届出の前に生じた損害については、責任を負わな
いと規定されています。届出をしないために損害が生じても銀行等は
責任を負わないとの趣旨から「免責約款」といわれます。

　本問と同様の事案で、被保佐人が、自身の払戻しを取り消して、改
めて預金の返還請求をした事案につき、原審の地裁は、被保佐人の取
消しを認めましたが、控訴審である高裁は、「銀行取引の反復性、大量
性、さらに金融機関における預金の払戻しが、本件のようにATM（現
金自動預払機）によってなされるような場合を考慮すれば、被保佐人
が保佐人の同意がない場合に金融機関から預金の払戻しを受けられな
いようにするには、まずは、保佐人において、預金通帳や預金カード
の管理を十分にすることが求められるほか、一般には、金融機関に審
判がされたことを届け出て、ATM（現金自動預払機）による払戻しを
不可能にするなどの措置を執らない限り、被保佐人の保護が全うされ
ないことは明らかである。このようなことからすれば、上記免責約款
の規定は、被後見人、被保佐人、被補助人の保護と取引の安全の調和
を図るための合理的な定めであると解される。」として、被保佐人の取
消しを認めませんでした（東京高判平22・12・8金法1949・115）。

　「本判決は、上告棄却決定および上告不受理決定により確定したが、代理権の無い保佐、長期の届出未了、ATMによる多数回・多額の払戻し、浪費という各要素が揃っていることを考慮すれば」「事案限りの判断とみるのが相当」(阿多麻子「後見事務およびその死後事務と金融機関との関係」金融法務事情2089号22・23頁（2018))、また、免責約款自体につき、成年後見制度という行為能力に関する民法の規定は強行法規とされていることから、強行法規に反する、あるいは消費者契約法10条（消費者の利益を一方的に害する）により無効ではないかなどの指摘がなされています(熊谷士郎「保佐開始届出前の預金取引」金融・商事判例1486号65頁（2016))。こうした現状から、判例の行方は、まだ定まってはいないと考えられます。

　しかし、保佐の届出が未了の場合について、被保佐人がなした不適切な預金払戻しを取り消すことができない可能性があることは、大きな問題です。現状では、なるべく被保佐人と取引のある金融機関には、届出をなすことが望まれます。

　ただ、事案の実態は保佐人が、被保佐人と取引のある銀行口座や経済状況につき、その概要を把握している場合から、全く不明である事案まで、多様です。保佐人としては、まずは、被保佐人との信頼関係を構築し、財産状況を把握する努力はすべきです。そして、取引のある銀行等の口座が判明すれば、保佐の届出をしておくことが望ましいといえます。銀行等によっては、正式の届出は、被保佐人と同行しないとできないところもあるようですが、被保佐人が同行を拒否することもあり得ます。その場合も少なくとも保佐人が選任されていることを、内容証明郵便等で知らせておくという対応をしておくと、取消しが認められる可能性は高くなると思われます。

【25】　金融機関への届出には、必ず後見人の印鑑登録証明書が必要？

　私は、Ａさんの成年後見人に選任されました。Ａさんの銀行口座は3口あり、通帳の引継ぎを受けましたので、成年後見の届出を行おうと思います。印鑑登録証明書が必要と聞いたように思いますが、そもそも、なぜ届出や印鑑登録証明書が必要なのでしょうか。

> **POINT**
> ・成年後見人の権限
> ・成年後見の届出
> ・犯罪による収益移転防止法の取引時確認

誤認例	成年後見の届出には成年後見人の本人確認が必要であり、そのために印鑑登録証明書が必須とされている。

本当は	成年後見人による取引も、犯罪による収益の移転防止に関する法律の取引時確認の対象となるので、同法による規制によって行われる場合が多い。必ずしも、印鑑登録証明書が求められるものではない。

解　　説

　成年後見人及び銀行等取引につき代理権を有する保佐人・補助人については、銀行等の口座について、取引をなし、管理する権限を持つ

こととなります。

　銀行等取引は、一般的には、反復継続し、長期間にわたる取引であることから、その取引の担当者となる成年後見人等については、銀行等としてはその後の取引の都度確認するのではなく、あらかじめ届出を求めておく扱いにして、安全かつ確実に取引を行い、取引の安定を図っているものと考えられます。

　銀行等の取引については、銀行等は、「犯罪による収益の移転防止に関する法律」（以下「犯収法」といいます。）の規定に基づき、「顧客等」につき、取引時確認をする必要があります。

　「顧客」とは、取引の相手方であり、「直接的利益の真の帰属者」とされています。「代理人を通じて取引をしている場合は、『顧客』はその代理人ではなく、本人を指」します（中崎隆＝小堀靖弘『詳説犯罪収益移転防止法・外為法』〔第3版〕31・32頁（中央経済社、2018））。

　代理人による取引については、犯収法4条4項により、代理人自身について「本人特定事項の確認」が必要です。成年後見人等も法定代理人として、成年後見人等自身の「本人特定事項の確認」が必要となります。

　「成年後見の届出書」は、おおむね、後見等の登記事項証明書により代理権を確認し、成年後見人等について、住所、氏名、連絡先を届け出て、届出後は、成年後見人等が取引の担当者となるものです。

　銀行等は、届出の際に、成年後見人等の本人特定事項の確認を行い、犯収法に定める取引時確認の要件も満たすこととすれば、その後の取引に際しての確認も兼ねることができることから（犯収4Ⅲ）、犯収法の定めに沿って書類を徴求するのが一般的です。

　犯収法の取引時における本人特定事項は、氏名、生年月日、住居（犯収4Ⅰ一）であり、確認するための書類は、3種類に分かれています。

　証明力の高い確認書類として、運転免許証、在留カードなどが犯収

法施行規則7条1号イ、ロに具体的に規定されています。

　証明力が中程度の確認書類は、国民健康保険の保険証、介護保険被保険者証などと、特定取引を行うための申込み・承諾にかかる書類に顧客等が押印した印鑑に係る印鑑登録証明書など犯収法施行規則7条1号ハに規定されている書類です。

　証明力が低い書類としては、前記以外の印鑑登録証明書、戸籍の謄本等、住民票の写しなど、同号ニ、ホに規定されています。

　証明力の高い書類であれば、その書類1点のみを提示すれば、本人確認は足りるとされています。それ以外の書類の場合には、提示を受けるとともに、取引関係書類を転送不要郵便等として成年後見人等の住所に送付する（提示＋送付）、書類を2点提示するなどの方法が犯収法の定めに沿ってとられます。

　成年後見人としての取引印の届出は必要ですので、取引用の印鑑を定めて届け出ることは必ず必要です。

　保佐人・補助人に銀行等取引の代理権が付与されている場合も同様です。届出後は、成年後見同様、保佐人あるいは補助人だけが、同口座の取引を行うこととされる場合がほとんどです。しかし、被保佐人及び被補助人自身も、銀行等取引による取引が認められるべきです。被保佐人の行った銀行等取引は、保佐人による取消しの対象となります。被補助人も銀行等取引に同意権が付与されていれば同様です。

　銀行等としては、取引（特に払戻し）が、後に取り消されるなどの紛争を恐れていると思われますが、当該口座の取引担当者を保佐人とするか本人とするかを決めておく、あるいは、当該口座については、本人による取引に、保佐人あるいは補助人が包括的に同意することとするなどの工夫をすることができます。一律に本人による取引を認めない扱いは変更が望まれます。

【26】　被後見人が施設に入所していて、自宅に戻る可能性がない場合には、「居住用不動産」には該当せず、売却には家庭裁判所の許可は不要？

　成年被後見人であるＡさんは数年前から特別養護老人ホームに入所していて、住民票上の住所もそこに移しています。

　施設入所前に居住していた自宅は、現在空き家になっているので、売却を検討しています。Ａさんは、自宅に戻る可能性はないので、家庭裁判所の許可は不要ではないでしょうか。

POINT	・成年後見人の権限 ・居住用不動産処分 ・居住用不動産の意義

誤認例	居住用不動産処分については、家庭裁判所の許可が必要であるが、既に施設に入所し、戻る可能性がない自宅であれば、居住用不動産に該当せず、許可は必要ない。

本当は	原則として許可が必要。居住する可能性が全くないといえれば、許可は不要ではあるが、その判断は事実上、困難である。

解　説

　成年後見人は、成年被後見人の財産について包括的に代理権を有し

ていますので（民859Ⅰ）、不動産についても、成年後見人が自らの代理
権で処分できるのが原則です。

　しかし、「居住環境は精神医学的に本人の精神の状況に多大な影響
を与えるものとされており、居住用不動産の処分に関しては、本人の
身上面に与える影響の重大さにかんがみ」（小林昭彦ほか編『新成年後見制
度の解説〔改訂版〕』158頁（きんざい、2017））、成年後見人の権限に制限を
加え、家庭裁判所の許可が必要とされています（民859の3）。保佐及び
補助の場合も、居住用不動産の処分の代理権が付与されていて、保佐
人又は補助人が、被保佐人又は被補助人に代わって（すなわち代理権
を行使して）、その居住用不動産の処分を行う場合は、同様に家庭裁判
所の許可が必要です（民876の5Ⅱ・876の10Ⅰ）。

　保佐人及び補助人については、「代理権付与の審判の対象が一般的
な不動産の処分である場合には、実際に処分の対象として居住用不動
産が選定された段階で、改めて家庭裁判所の許可を得ることになる」
と考えられます。また、「当初から特定の居住用不動産の処分につい
て代理権付与の審判がなされる場合には、代理権付与の審判とともに、
家庭裁判所の許可の審判をすることにな」ります。いずれにしろ二つ
の審判が必要であり、代理権付与審判は、財産管理の必要性の観点か
ら、居住用不動産処分許可審判は、身上面の配慮の観点からの判断で
す（小林ほか・前掲160頁）。

　居住用不動産とは、「生活の本拠として現に居住の用に供しており、
または居住の用に供する予定がある」（小林ほか・前掲159頁）不動産です。
成年被後見人等の所有か、賃借家屋であれば、契約名義が成年被後見
人等である場合に問題となります。

　本問のように施設に入所している場合、入所前に居住していた不動
産については、原則としては居住用不動産に該当すると解されていま
す。今後、施設から退去することとなった場合、その不動産に居住す

ることが予想されるからです。本問ではAさん自身の身体状況や精神
状況から、その不動産に戻る可能性はないということですが、そうし
た事情は変動することもあります。将来の事柄について確定的な判断
はできません。また、家庭裁判所の許可は効力要件とされているので、
後に居住用不動産と判断された場合、許可を得ないでなした処分は遡
って無効となり、成年被後見人等及び関係者に多大な影響を与えます。

　こうしたことから、施設入所前に居住していた不動産は、居住用不
動産に該当するとして家庭裁判所の許可を求めることが必要と考えら
れています。

　なお、被保佐人又は被補助人は、一般的には不動産処分に関しての
意思能力があると考えられ、居住用不動産の処分を自身で行うことが
できます。その場合、保佐であれば保佐人の同意が必要な行為です（民
13Ⅰ三）。補助人も同意権が設定されていれば同意が必要となります。
被保佐人あるいは被補助人が、自ら居住用不動産の処分を行う場合に、
保佐人あるいは（同意権を付与された）補助人が同意をするのには、
家庭裁判所の許可は要件とはされていません。

　処分とは、売買だけではなく、「賃貸、賃貸借の解除、抵当権の設定
のほか、使用貸借、譲渡担保権・仮登記担保権の設定、取り壊し等が
含まれます」（東京家裁後見問題研究会編『後見の実務（別冊判例タイムズ36号）』
86頁（判例タイムズ社、2013））。成年被後見人等がそこに居住することが
できなくなる（又はその可能性がある）行為が対象となっています。

【27】　高齢者住宅に入居していて、他の施設（特別養護老人ホームなど）に転居することとなった場合、施設間での転居のため家庭裁判所の許可は不要？

　私はAさんの後見人をしていますが、Aさんは、今般、特別養護老人ホームに入所できることとなりました。現在は、サービス付き高齢者住宅に入居していますが、その住宅の賃貸借契約を解約することとなるので、家庭裁判所の許可が必要となるのでしょうか。

POINT	・居住用不動産の処分許可 ・居住用不動産の意義 ・処分の意義

誤認例	高齢者住宅は、施設の一種であり、特別養護老人ホームへの転居ということで施設から施設へ移動するのであるから、居住用不動産の処分には該当しない。

本当は	高齢者住宅であっても、本人が持ち家や民間賃貸と同程度に生活の本拠とする意思を持って契約し、実際に住んでいるような場合には、居住用不動産に該当する場合があり得る。

解　説

　【26】で検討したように、成年後見人等が成年被後見人等に代わって
居住用不動産を処分するには、家庭裁判所の許可が必要です（民859の
3・876の5Ⅱ・876の10Ⅰ）。

　成年被後見人等が高齢者向けの施設に入所後、他の施設に転居する
場合、居住用不動産処分に該当することはないのでしょうか。

　居住用不動産処分許可とは、不動産を売却する、あるいは賃貸借契
約を解除するなどの処分行為につき、家庭裁判所の許可を必要とした
ものです。成年被後見人等の居住場所の変更を伴うものではあります
が、それ自体の許可ではなく、成年後見人等が、成年被後見人等に代
わって売却や賃貸借契約の解除等の処分行為をする場合に、その処分
行為に許可が必要か否かが検討対象です。

　そこから、居住している不動産が成年被後見人等の所有であるか、
借りているのであれば賃貸借契約の賃借人が成年被後見人等であるこ
とが前提となります。本問との関係でいえば、高齢者住宅の賃貸借契
約の解除が、居住用不動産の処分に該当するのかが問題です。

　一般に、施設との入所契約について考えると、単純な賃貸借契約で
はなく、介護サービスなどの役務提供の要素が不可分一体となった無
名契約と考えられています。すなわち、施設では、介護サービスなど
の何らかの役務提供を伴うのが一般です。本人としても、介護サービ
ス等を受けることを希望し、その具体的内容も重視して施設を選択し
ていると考えられます。そのため、本人としても、一般的には施設に
ついては単に居住用の不動産ではなく、何らかの福祉サービスを受け
るところであると認識していると考えられます。

　他方、サービス付き高齢者住宅等では、介護サービス等の役務の提
供は、施設入所契約とは別契約となっていて、住宅使用の契約形態と

しては、賃貸借契約を締結しているという場合も多くあります。

　このような高齢者住宅を退去する場合、賃貸借契約を解除すること
となりますが、この解除が「居住用不動産の処分」として、家庭裁判
所の許可の対象となるのか否かが問題となります。

　高齢者住宅であっても、場合によっては、成年被後見人等として、
自身の「自宅」と認識している場合もあり得ると思われます。その場
合は、居住用不動産に該当し得ると考えられます。

　「目安を挙げると、高齢者住宅に関して賃貸借契約の形式をとり、
かつ住民票上の住所もその施設に移転している場合には、民間賃貸と
の差を本人が意識せずに契約、居住している可能性が否定できず、原
則的には居住用不動産処分許可を求めることが望ましいと思われる。
他方、居住期間や本人の話などを踏まえると、単なる施設移転と評価
すべき事情が認められるのであれば、居住用不動産処分許可をあえて
求めなくてもよい場合もあると思われる。」(東京三弁護士会合同研修会「成
年後見実務の運用と諸問題」ＬＩＢＲＡ2019年6月号5頁)との指摘もあります。

　現状から考えると、高齢者住宅に入居する高齢者は、「自宅」ではな
く、「施設」の一種と認識している場合がほとんどであると思われます
ので、原則として許可が必要とまではいえないと考えます。しかし、
入居期間が長い場合など、成年被後見人等の認識としても、「自宅」と
同視できる場合も、あり得るでしょう。その場合には、当該施設から
の退去により賃貸借契約を解除することは居住用不動産の処分に該当
し、家庭裁判所の許可が必要ということになります。

【28】　後見人は、被後見人の納税処理の義務を負う？

　私はＡさんの成年後見人ですが、Ａさんは今年は体調を崩して
2か月入院し医療費がかさみました。確定申告をすれば、税金が
還付されるのですが、私に申告をする義務はあるのでしょうか。

POINT	・成年後見人の職務 ・税務処理 ・確定申告

誤認例	成年後見人には、財産管理の権限があり、税金を支払うことは必要であるが、確定申告などの税務処理までは職務として求められていない。

本当は	所得税、住民税などの税金が正しく算定されて、適切に支払われることも財産管理の一部といえるのであり、確定申告が必要かつ有用な場合に、申告をなすことも成年後見人の職務である。

解　説

　成年後見人は、成年被後見人の財産を管理していく権限と義務を有
しますが、「財産の管理とは、財産の保存、財産の性質を変じない利用、
改良を目的とする行為をいう。事実上および法律上のいっさいの行為

を含む。管理の目的の範囲において、処分行為をすることも妨げない。被後見人の財産を管理することは、後見人の権利であると同時に義務である」（於保不二雄＝中川淳編『新版注釈民法(25)親族(5) 親権・後見・保佐及び補助・扶養－818条～881条〔改訂版〕』408頁〔中川淳〕（有斐閣、2004））とされています。

　財産には、預貯金、株式や投資信託等の金融資産、不動産、債権など、種々のものがありますが、それらを管理し、必要な経費等を支払い、収入を確保して、成年被後見人の生活を支えていくこととなります。

　税金は、生活に不可欠に関わるものです。所得税や住民税の支払は、成年後見人の職務の一つです。

　確定申告あるいは住民税の申告を適切に行わなければ、支払うべき税金額も適切な額にならず、また確定しません。また、住民税の金額によって、医療や介護サービスにおける負担割合や負担上限額が決まる、住民税非課税であれば利用できるサービスがあるなどの仕組みもあり、住民税の額が適切に定まることは、利用できる医療や介護サービスにも関係してきます。成年被後見人の年間の収支にも大いに影響します。

　そうしたことからしても、成年後見人としては、所得税や住民税の申告の必要性についても、十分に検討し、必要な申告を行う必要があります。

　本問では、例年より医療費がかさみ、確定申告をすれば税の還付があるとのことです。還付という本人の利益もあるのですから、確定申告をすべきといえます。

　こうした職務を適切に処理できなかった場合に、後見人に責任が生じるか（例えば、納期限までに納税しなかったために延滞税が発生した場合など）については、その税務処理の複雑さの程度や、後見人の

職業、本人との関係、従前の本人の税務処理の実情などが影響します。一般的には、必ずしも直ちに責任を問われるとまではいえないと考えられます。しかし、漫然と放置して何らの検討もしないという対応では責任を免れません。

　なお、不動産の譲渡所得税の申告や、物件多数の賃料収入があるなど、収入が多額で複雑な場合などは、税理士に依頼することも許されます。以前から本人が税理士に依頼していた場合も同様です。

　確定申告をした場合には、その情報が居住の自治体にも送られることとなっているため、住民税の申告は不要です。

　また、給与所得者で、勤務先会社で年末調整をした人も、住民税の申告は不要です。

　それ以外の場合は、住民税の申告の要件について、それぞれの自治体で確認し、申告が必要であればするべきです。また、前記のごとく、申告をしないと住民税が確定せず、そのために、高額医療費や高額介護療養費の適用における区分が不利になる場合がありますので、やはり、申告が必要です。

　大体は、各自治体から、本人宛てに住民税の申告書が送られてきます。連絡をすれば、成年後見人に郵送してくれる場合がほとんどです。

　保佐人・補助人の場合は、税金の申告等の諸手続につき代理権が付与されている場合に職務となります。

【29】　財産の目減りを防ぐため、後見人が金融商品を購入することも許される？

　成年被後見人は、月額にすれば数万円の年金収入しかなく、今後、生活費が不足するのではないかと不安です。成年後見人としては、本人の生活を守るため、財産を少しでも増やしたいと思います。外貨預金や投資信託など、金融商品の購入を考えたいと思いますが、許されるでしょうか。

POINT	・成年後見人の財産管理 ・善管注意義務 ・利殖行為

誤認例	本人のために、少しでも財産を増やすことを検討するものであり、比較的安全な商品を選択すれば、金融商品の購入も許される。

本当は	金融商品は、元本が保証されておらず、財産が減ってしまう危険があるものであり、目的・種類を問わず、新たに購入することは許されない。もしも、それにより、成年被後見人の財産が減少すれば、後見人は損害賠償責任を免れない。

解　　説

　成年後見人は、成年被後見人の財産全般につき管理する権限を有し

ており（民859Ⅰ）、善管注意義務を課せられています（民869・644）。

　後見人の財産管理については、かつては、財産を保護していくという側面が強調され、ともすれば、資産を保全していくこと、すなわち財産の減少をなるべく少なくすることを最善とする考えがありました。しかし、現在では、成年被後見人の生活を豊かにしていくこと、成年被後見人の意思・意向・希望を尊重して、資産を活用していくことが目指されています（上山泰『専門職後見人と身上監護〔第3版〕』76頁（民事研究会、2015））。「一般論として言えば、お金は貯めることに価値があるのではなく、使うことによって価値を生み出すものですから、利用者のための財産管理を心掛けるのであれば」「利用者の幸福追求をめざして積極的に消費されなければならないはずです」（上山・前掲77頁）。

　このように積極的な財産活用が推奨されていますが、それはあくまでも本人の利益のための活用です。

　株式や投資信託、あるいは外貨預金などの金融商品は、銀行預金等に比し、より運用益が見込めますが、元本が保証されていません。すなわち、財産が減ってしまう危険があるものです。利益が出るか出ないかについて、コントロールすることは困難であり、元本を割ってしまうおそれがあるのです。

　財産が減少することは、当然ながら成年被後見人にとって損害となります。こうした不利益を生じさせることは、原則として、成年後見人の財産管理上の善管注意義務に違反しているのであり、損害賠償義務が生じます。成年後見人としては、成年被後見人の財産を増加させる義務はなく、そもそも損害を発生させるおそれのある行為はすべきではないのです。

　そこから、「多少のリスクは伴うがより運用益の見込める金融商品を新たに購入することは適切ではない。被後見人の財産を、元本割れのリスクを冒してまで増やそうとすることは、後見人に課せられた善

管注意義務に反し許されないと言わざるを得ない」（片岡武ほか『家庭裁判所における成年後見・財産管理の実務〔第2版〕　成年後見人・不在者財産管理人・遺産管理人・相続財産管理人・遺言執行者』52頁（日本加除出版、2014））とされています。

　他方、後見人に選任された時点で、成年被後見人の資産に株式や投資信託などがあった場合については、成年被後見人が自分の意思で、その取引をしていたのであり、本人意思も尊重される必要があります。そこから「そのまま保有し続けることは原則として問題ない」（片岡ほか・前掲52頁）と考えられています。

　成年被後見人が購入していた投資信託等の商品の中には、収益分配金でMMF等を自動買付する契約を含んでいる場合があります。この場合、収益分配金により、MMF等を新たに購入していくこととなります。新たな購入となるので、自動買付契約については解約を検討すべきです。ただし、成年被後見人自身が契約していたものであり、これまでの取引の経過、それらの取引の成年被後見人の財産全体に占める割合、最近の損益の状況などを勘案し、成年被後見人が取引の継続を希望している場合や、財産全体に占める割合が大きいとまではいえない場合には、そのまま継続することも許されると考えます。

　金融商品を保有する場合は、「金融商品の価格変動に注意を払い、証券会社等から送付される取引残高報告書の確認を怠らないなど、被後見人の財産が減少しないよう配慮することが求められ」ています（片岡ほか・前掲52頁）。

　売却する場合については、その判断は後見人の裁量的判断によることとなりますが、「価格変動の傾向、配当収入が被後見人の収入に占める割合、被後見人が特別に愛着をもっているものではないか、など事情を総合的に判断して行われるべき」（片岡ほか・前掲52頁）といえます。

【30】　被後見人は、貸金庫内の物品を取り出せる？

　私はAさんの成年後見人に選任されましたが、AさんはB銀行C支店に貸金庫を借りていて、貸金庫内には、Aさんのお気に入りの宝飾品が保管されていることが分かりました。Aさんは、時折貸金庫に赴いて、ネックレスなどを取り出して身に付けたりしているようです。

　成年後見人としては、どう対応すればよいでしょうか。

POINT	・貸金庫契約 ・内容物の取出し ・成年後見人の対応

誤認例	貸金庫から物品を取り出すのは事実行為であり、成年被後見人が取り出すことに特に問題はない。

本当は	貸金庫内の物品を取り出すのは貸金庫契約に基づく内容物引渡請求権の行使となり、法律行為の側面がある。貸金庫の管理を全面的に本人に任せることは適切ではない。

解　　説

　銀行等の金融機関の業務は法律により規定されています。例えば銀行については、銀行法10条に業務が規定されていて、貸金庫は、同条

2項10号の「有価証券、貴金属その他の物品の保護預り」に該当します。成年後見人は、成年被後見人の財産に関しては包括的な代理権があり（民859Ⅰ）、貸金庫についても管理権を有します。保佐人・補助人については、貸金庫取引について、代理権を付与されている場合は、管理権があることとなります。

　貸金庫は、有価証券、貴金属、高額な定期預金証書、不動産の権利証（現在では登記識別情報）などの重要物・書類の安心できる保管場所として契約するのが通常です。貸金庫の使用形態、銀行等の関与の仕方にはいくつかの類型がありますが、いずれにしても貸金庫内に保管されている具体的物品及びその出し入れ行為自体について、銀行等は関与せず、貸金庫内の保管物の具体的内容は銀行等は通常は知りません。

　貸金庫契約は、銀行等の中に設置された場所ないし設備の賃貸借契約であると考えられています。そして預けている側は、内容物の引渡請求権を持つとされています（最判平11・11・29判タ1103・214）。そこから、貸金庫からの物品の取出しは貸金庫契約に基づく内容物引渡請求権の行使であり、単なる事実行為ではなく、法律行為としての側面を有すると考えられます。では、取出し行為について、成年後見人は、取消権を行使できるでしょうか。

　一般的に取消しは、原状回復、すなわちその法律行為がなかった状態に戻すために行われます。また、損害賠償請求も検討対象です。

　具体的に考えると、貸金庫内の物品の全部又は一部を、成年被後見人等が取り出した場合、成年後見人等がその取出し行為を取り消した場合を考えてみます。成年後見人等がその行為を取り消したとしても、実際に物品が貸金庫内に戻ることはあり得ません。また、取出し自体には、銀行等は関与しないことから、銀行等の損害賠償責任はないと考えられます。ですから、取消権を行使する意味はありません。

　成年後見人等として、貸金庫の管理をどうすべきかについては、一般的には、高価な価値のあるものが貸金庫に保管されていますので、貸金庫管理を全て成年被後見人等に任せてしまうのは不適切です。

　成年後見人等としては、まず最初に、貸金庫内の物品を、確認すべきです。その上で、物品の種類に応じ、適切な保管・管理方法を考えることが重要です。本問のような宝飾品については、客観的に交換価値があるか否かを確認し、客観的価値のあるものであれば、全面的に成年被後見人等の管理に任せることとせず、成年被後見人等とよく話し合い、紛失や盗難のおそれがない方法を検討すべきです。成年被後見人等に、自身が貸金庫内の物品を自由に取り出したいとの強い希望があれば、貸金庫内の物品を、成年被後見人等が管理し得る物に限定し、高価な宝飾品や高額の定期預金証書などは、別途、後見人等の管理下に移すなどの方法も考えられます。

【31】　保佐人に選任されると、代理権は付与されていなくても財産目録の作成は必要？

　私は、Ａさんの保佐人に選任されましたが、Ａさんの同意が得られず、銀行取引等の代理権は付与されていません。

　家庭裁判所から、初回の報告のお知らせが来ましたが、財産目録の作成は必要なのでしょうか。

POINT	・保佐人の財産管理権 ・財産目録の作成

誤認例	初回報告には年間収支予定表と共に財産目録の作成提出が求められるのであり、代理権のない保佐人であっても財産目録の作成は義務である。

本当は	財産管理の権限があることから、代理権を生じるのであり、代理権がなければ、財産管理権はなく、財産目録作成の義務もない。

解　説

　成年後見人の場合は、成年被後見人の財産につき包括的代理権を有します（民859Ⅰ）。そこから、財産の調査及び財産目録の作成が義務とされています（民853Ⅰ）。後見人の代理権は、「財産管理権より派生する権利である」（於保不二雄＝中川淳編『新版注釈民法(25)親族(5)　親権・後

見・保佐及び補助・扶養―818条～881条〔改訂版〕』409頁〔中川淳〕（有斐閣、2004））と考えられています。

　保佐人及び補助人については、代理権は、本人申立てあるいは本人の同意のある場合にのみ付与されます（民876の4Ⅱ・876の9Ⅱ）。

　銀行取引等の代理権が付与されていない保佐人及び補助人には、財産管理の権限がありません。実際のところ、財産調査もできず、財産目録の作成は不可能です。家庭裁判所も代理権のない保佐人・補助人には財産目録の作成は求めない扱いです。

　しかしながら、保佐人としては、本人の財産状況に関心を持ち、本人の利益が害されることのないようにすることが必要です。保佐人には、同意権（取消権）があるからです。補助人も同意権（取消権）が付与されていれば、付与された同意権に関する事柄については、同様です。

　保佐人は、民法13条1項に規定される行為につき、同意権を有しています。具体的には「不動産その他重要な財産に関する権利の得喪を目的とする行為をすること」（民13Ⅰ三）など、広範な財産上の行為に及んでいます。保佐人としては、被保佐人の財産上の行為については、被保佐人に不利益であるとして取り消すべき行為がないか、注意すべき義務があるといえるでしょう。そのためには、被保佐人やその親族、福祉関係者などと連絡を取り、被保佐人の生活状況に注意することが求められます。問題なく生活を送っているか、改善できる、あるいはすべき課題の有無にも注意を傾けることが必要です。

　補助人についても、例えば「不動産売却についての同意権」が付与されている場合には、被補助人が所有する不動産については、まずはその所在などを把握する努力をし、被補助人が売却を希望する場合には、事前に補助人に連絡するように、よく話し合っておく必要があります。

　同意権（取消権）の検討は、被保佐人等との信頼関係を構築することが前提となります。客観的には被保佐人等にとって不利益な取引だからと言って、信頼関係なしに、取消しをしてしまうと、被保佐人等としては保佐人・補助人が一方的に過剰な介入をしたと感じてしまう結果となりかねません。保佐人・補助人の役割について被保佐人等が理解し、その意向・希望も尊重し、信頼関係を作っていくことが大切です。

　そして、その信頼関係を基礎として、重要な行為については、事前に保佐人・補助人に連絡が来て、相談ができるようになると理想的といえます。

【32】　預貯金額が一定以上あれば、後見制度支援信託・支援預金を利用しなければならない？

　Aさんの長女から成年後見の申立てをしたいと相談を受けました。Aさんは、預貯金が2,000万円くらいあるそうで、「信託を利用しないといけないのでしょうか。」と質問されました。実際のところ、どうなるのでしょうか。

POINT	・後見制度支援信託・支援預金の意義 ・利用の条件 ・利用しない場合

誤認例	後見人の不祥事防止のための制度であり、家庭裁判所の指示に従い、利用しなければならない。

本当は	各家庭裁判所によって金額の基準は異なるが、預貯金額が一定以上あると利用の検討が促されるが、強制されるものではない。ただし、利用を選択しないと、後見監督人が選任される扱いである。

解　　説

　後見制度支援信託は、平成24年2月から、運用が開始されました。成年後見制度は、認知症、知的障害、精神障害などにより判断能力が十分ではなく、意思決定に支援が必要な人を対象に、成年後見人等を選

任する制度です。しかし、本人の支援者たる成年後見人が、その管理下にある成年被後見人等の財産を私的に費消したり、不適切な支出をしたりする事案（以下「不祥事」といいます。）が発生し、大きな問題となりました。

　不祥事の件数や被害額は、親族後見人のケースが多数を占めたため、不祥事対策として、家庭裁判所が後見制度支援信託の運用を開始したのです。具体的内容は、成年被後見人等の通常の生活に必要な預貯金は後見人の管理に残し（以下「手元金口座」といいます。）、それ以外の預貯金を信託銀行に口座を開設し預けるものです。口座の開設、その後の信託した預金を払い戻す場合の双方に家庭裁判所の指示書が必要です。

　預貯金は、原則としては、後見人が単独で払戻しができるものですが、後見制度支援信託は、払戻しにつき、家庭裁判所の指示書を必要とする仕組みなのです。後見人単独では、払戻しができない仕組みなので、不祥事から預貯金を守ることができます。

　財産については、積極的に成年被後見人等のための活用が必要とされているところですが（【29】参照）、不祥事により財産侵害が発生することは防止する必要があり、そのための工夫といえます。対象は、成年後見と未成年後見に限られていて、保佐、補助、任意後見は利用できません。

　また、当初は、信託を利用した仕組みでしたが、平成29年7月から静岡家庭裁判所の下で、信用金庫が後見制度支援預金の運用を開始しました。その後全国的にも、銀行、信用金庫、信用組合の預貯金について、口座の開設及び払戻しに家庭裁判所の指示書を必要とする仕組みである後見制度支援預金の運用が広がっています。

　後見制度支援信託及び後見制度支援預金は、後見人の不祥事防止には効果のある制度ではありますが、成年被後見人の預貯金を凍結する

という側面は否定できません。本人のための財産活用を阻害しないよう後見人は十分に注意する必要があります。手元金口座だけでは不足するが、本人にとっては必要あるいは有効な支出があれば、家庭裁判所に払戻しの指示を求めることを、躊躇せず行うことが求められます。例えば、成年被後見人のために自宅を改修する費用や、旅行等の趣味や娯楽の費用についても、成年被後見人の希望があり、経済的にも問題なければ、積極的に払戻しの指示を求める姿勢が重要です。

　家庭裁判所も、資料に基づいて払戻しの申請があった場合には迅速に対応しています。成年被後見人のために、資産を守るとともに、資産活用も同様に重視することが必要です。

　各家庭裁判所は、親族後見人の選任が見込まれる場合で、預貯金の金額が一定額以上であると、後見制度支援信託あるいは支援預金の検討を求めます。利用が強制されるわけではありませんが、利用しない場合には、後見監督人が選任される扱いです。

　また、本人の身上が安定しておらず、収支予定を立てることに困難がある事案、遺言が作成されている事案、賃貸用の不動産や株式等の有価証券など多様な財産がある事案、複雑な課題があり専門職の継続的関与が必要な事案などは、この制度の利用に適しないと考えられています。

【33】　第三者が後見人に選任された場合、郵便物の回送嘱託の申立ては、原則として一度は認められる？

私は専門職として、Aさんの後見人に選任されました。Aさんは、妻と二人暮らしだったのですが、最近、特別養護老人ホームに入所しました。財産については、妻もよく分からないとのことなので郵便物の回送嘱託を申し立て、財産の把握を図りたいと思います。認められるでしょうか。

POINT	・郵便物の回送嘱託の申立て
	・必要性の判断

誤認例	財産を把握することは成年後見人の重要な職務であり、郵便物はその貴重な情報であるから、第三者後見人であれば、申立ては認められるのが原則である。

本当は	本人の通信の秘密を制約しない方法によっては郵便物を把握できず、そのことによって後見事務の遂行に支障が生ずる場合に限り認められる。第三者後見人であっても、必ず認められるものではない。

解　説

　成年後見人は、後見事務を適切に遂行するため、成年被後見人の財産の全貌を把握することが必要です。財産内容につき、本問のように

本人以外の者は財産の詳細を知らない場合も少なくありません。また、後見開始後に、何らかの債権債務が発生する場合もあります。

　判明していない財産については、成年被後見人宛ての郵便物が貴重な資料となります。そのため、従前から成年後見人は、成年被後見人宛ての郵便物につき、開披して内容を確認していました。しかしながら、成年被後見人には、通信の秘密（憲21Ⅱ後段）が保障されています。また、成年後見人の権限は、「財産に関する法律行為」についての代理権です。そこから、「私信の開披は、人格権侵害」との批判もありました（上山泰『専門職後見人と身上監護〔第3版〕』147頁（民事法研究会、2015））。

　郵便物の配達先を変更する制度としては、郵便法35条の転送手続があります。しかし、この手続は、成年被後見人自身が住所又は居所を変更した場合の手続であり、成年後見人宛てに転送を受けることはできません。

　こうした事情から、平成28年4月に民法が改正され（同年10月13日施行）、郵便物の回送嘱託制度ができました（民860の2）。同時に、成年後見人が受領した本人宛て郵便物を開披できることも定められました（民860の3）。

　回送嘱託制度は、成年後見人の申立てにより、家庭裁判所が必要性を認めた場合に、成年被後見人宛ての郵便物等を成年後見人に配達するよう郵便局等に嘱託することができるとする制度です。

　「本人の通信の秘密（憲21Ⅱ後段）の制約を伴うものであることに鑑みると」「後見人が任意の方法によっては本人宛て郵便物等の存在及び内容を把握できず、そのことによって後見事務の遂行に支障が生ずるような場合に認められる」（日景聡「『成年後見の事務の円滑化を図るための民法及び家事事件手続法の一部を改正する法律』の運用について」家庭の法と裁判7号89頁（2016））と解されています。単に、成年後見人にとって、その方が便宜であるということだけでは認められません。

　本問でいえば、自宅で生活している妻の協力が得られないか、あるいは郵便法35条の転送制度により、本人宛の郵便物を本人が入所する施設に転送し、施設から成年後見人に送付してもらうなどの協力が得られないか、さらには、成年後見人として本人に面談した際に、本人や施設から郵便物を受領することでは足りないのかなどを検討する必要があります。これらの検討の結果、施設や親族の協力が得られず、財産管理に支障が出るおそれがあるという事情があれば、必要性が認められます。

　回送嘱託が認められた場合、期間は6か月以内であり、延長はありません（民860の2Ⅱ）。成年後見人として、更に回送嘱託が必要と判断する場合には、再度申し立てることとなります。再度の申立ての必要性については、「従前の回送嘱託の期間のみでは、本人の財産や収支の状況について、把握できなかったことについてやむを得ない事情がある」場合と、更に厳しい判断となります（日景・前掲89頁）。

　このように、回送嘱託制度は、本人の通信の秘密に配慮して必要性を認定するものです。成年後見人に選任された初期の段階での利用が多いものとは思われますが、選任後間もないことや第三者後見人であるからといって、原則として認められるということはありません。選任後1年以上経過してからの申立てであれば、更に必要性の認定は厳しくなります。

　また、保佐、補助の場合には、本人が「自ら相応の管理をすることが可能と考えられる。また、保佐人及び補助人は」「家庭裁判所により与えられた代理権の範囲で財産管理をすることができるにすぎない」ことから、「郵便物等の回送を認めることは、被保佐人及び被補助人の通信の秘密を不当に侵害することにもなりかねない」として、回送嘱託は認められていません（大塚竜郎「『成年後見の事務の円滑化を図るための民法及び家事事件手続法の一部を改正する法律』の逐条解説」家庭の法と裁判7号77・78頁（2016））。

【34】　後見事務の遂行に必要な費用をあらかじめ見積もり、前もって一定額を本人口座から払い戻して現金で保管することは、現金出納帳を作成していれば許容される？

　私はＡさんの成年後見人になって3年が経過しました。Ａさんは在宅で生活をしていて、生活に必要な費用もほぼ一定しています。時に入院することもありますので、50万円程度は現金で手元に置いておき、必要費用を支出しています。現金出納帳は作成していますし、領収証も保存しています。特に問題はないでしょうか。

POINT	・成年後見人の財産管理 ・善管注意義務 ・現金による管理

誤認例	生活には現金も必要であり、現金出納帳をつけ、領収証も保存しているのであれば、特に問題はない。

本当は	成年後見人は善管注意義務を負っており、現金による管理はなるべく避けるべきである。場合によっては善管注意義務違反ともなり得る。

解　説

　成年後見人は、財産管理が職務の一つであり、本人の銀行口座等の預貯金の管理は、その中でも重要な職務です。後見事務の遂行につき善管注意義務を負っています。

　成年後見人は、本人の生活上の必要に応じて、預貯金口座から費用を振り込んだり、自動引落しの手続をしたり、本人に生活費を届けるなどして、本人の生活が滞りなく、また、本人の意向に沿って行われるように配慮していきます。保佐・補助の場合も、銀行等取引の代理権が付与されていて、保佐人・補助人が管理している口座については同様です。

　こうした後見等事務の遂行上、現金が必要な事務を具体的に考えると、本人が在宅の場合の生活費、お小遣いなどの本人自身が使う現金、振込では支払えない入院費等の医療費、介護タクシーなどの臨時の介護サービス利用料、それから、後見人等の事務遂行に必要な費用（本人に面会に行く際の交通費、住民票や後見等の登記事項証明書取得の費用など）などが考えられます。

　確かに、後見事務遂行上、現金の取扱いは必ずあるものであり、現金出納帳は必ず作成すべきものです。また、領収証（少額であればレシート）が発行されるものは、必ず保存しておくことも必要です。

　ただ、領収証やレシートは、必ず発行されるものではないこと（例えば公共交通機関の運賃）、現金取引は、後から検証することが難しいことなど、現金管理は、不透明になりやすいといえます。また保管している現金の盗難や紛失のおそれもあります。そこから後見人としては、原則として現金による管理は避けるべきです。

　現金の取扱いが必要な場合や、後見事務費用の清算については、なるべく近接した時期に、かつその費用の額になるべく近い金額を口座

から払い戻すこととするのが一番適切な管理方法と考えます。

　例えば、毎月入院費を病院に持参して支払うことが必要な場合は、持参する日の前後に、入院費用の金額と同額を口座から払い戻して支払う、また、後見事務費用については、一定の金額（数万円以内）となったら、払い戻して清算するというやり方が適切と考えます。

　数十万円の金額を払い戻して現金により管理し、そこからいろいろな費用を支出していくというやり方については、現金出納帳の作成・記帳をするとしても、一般的には必要性がないと思われます。払い戻した現金を、そのまま現金として保管しているのであれば、前記のごとく紛失・盗難のおそれがあります。また、預かり金として後見人等の口座に入金しているとすれば、他の資産と混じってしまっていることとなります。このような管理方法について、一律に善管注意義務違反とまではいえないことではありますが、適切ではないと考えます。

　後見人は、他人の財産を家庭裁判所あるいは後見監督人の監督を受けて管理しているものであり、誰に対しても透明性の高いやり方で管理すべきです。間違いが起こりにくく、報告もしやすく、また、後日の検証が必要になった場合も、事務遂行の適切さが明確になることが必要です。銀行等口座の動きと現金支出の動きがなるべく一致することが望ましいと思います。そうしておくと、後見人自身も、本人の預貯金の動きが分かりやすく、後見事務の見直し等の検討が容易となり、適切な後見事務遂行に資することともなります。

第4　身上保護事務

【35】　被後見人が施設入所後に入院する場合は、施設を退所する必要がある？

　Aさんは、特別養護老人ホームに入所していますが、脳梗塞を起こして入院してしまいました。

　施設からは退所しないといけないのでしょうか。

POINT	・入所契約の内容 ・施設基準

誤認例	特別養護老人ホームは介護保険施設であるが、医療ケアを必要として入院したのであるから、退所が必要である。

本当は	入院期間が長期でなく（おおむね3か月以内）、退院後の身体状況も施設での生活が可能であれば、退所する必要はない。

解　　説

　本人の生活場所がどこになるかは、本人にとって、最重要事項の一つです。住み慣れた自宅での生活の継続を望む人が多いものですが、身体状況や精神状況から、施設入所や病院への入院が必要な場合があります。

　特別養護老人ホームは、在宅での生活が困難になった要介護の高齢者が入居できる公的な「介護保険施設」の一つで、「特養」と呼ばれています。公的な施設であるため、民間が運営する有料老人ホームに比べると費用が比較的安価であり、看取りの対応が可能なところも多く、「終の棲家」と考えられています。現在、原則として要介護3以上の人が入居対象とされています（介護保険法8ⅩⅩⅡ、介護保険法施行規則17の9、要介護認定等に係る介護認定審査会による審査及び判定の基準等に関する省令1Ⅰ三～五）。入居待機者が多く、数年待たないと入れないといわれてきましたが、地域によっては、待機者が減っているところもあります。

　他に「老人保健施設」という施設もあり、そこは、医療ケアやリハビリが必要とされる要介護の高齢者を対象とし、原則として、自宅に戻るためのリハビリを中心としている施設であり、「老健」と呼ばれます。入院した場合には、老健は退所となります。

　特養については、入所後は終生利用を原則としている施設といえます。しかし、本問のように、入所後に脳梗塞などの疾病により、入院が必要になることがあります。この場合、特養の介護サービスではなく、病院による医療ケアが必要になったということであり、特養の契約をどうするのか、という問題が生じます。

　この点につき、厚生労働省が定める「特別養護老人ホームの設備及び運営に関する基準」22条によれば、「おおむね3月以内に退院することが明らかに見込まれるときは」「退院後再び当該特別養護老人ホームに円滑に入所することができるようにしなければならない。」とされています。おおむね3か月くらいで退院できれば、特養に戻れるということです。ただし、入院中も居住費が発生する場合がありますので、契約内容を、施設によく確認することが必要です。

　また、3か月以内に退院できる場合であっても、退院時の身体状況によっては、特養では受入れができない場合があります。例えば、胃ろ

う、透析や、24時間の医療的ケアが必要という場合、それら必要とされている医療ケアを、当該特養では提供できない場合があります。その場合は、特養に戻ると必要な医療ケアが受けられないこととなり、他の病院等への転院を検討せざるを得ません。結果として、特養は退所することとなります。本人が必要としているケアを考えれば、致し方ないことです。

　なお、有料老人ホーム（以下「ホーム」といいます。）に入所している場合は、ホームとの入所契約により定まることとなりますが、ホーム側から一方的に退所を迫られることはありません。また、ホームでは、各部屋についてホームと利用者が契約をしていますので、入院中でも退所しない限りは、居住費（家賃）や管理費は発生します。食費、介護サービス費用は利用していないため、発生しません。つまり、病院の入院費とホームの居住費（家賃）等の双方の負担が発生することとなるので、経済的に負担できるか検討が必要となります。

　さらに、退院後に、そのホームでの生活が可能かについても、特養と同じく、退院後の本人の状況とホームで提供されている介護サービスの内容を見極め、検討していくことが必要となります。

【36】　後見人は、本人の現状から施設入所が必要であれば、施設入所契約を締結する代理権があるので、入所させることができる？

　私は、Ａさんの後見人に選任されています。Ａさんは最近転倒して骨折し、歩行が困難となりました。そこで、施設入所を検討しています。Ａさんは、自身の現状の困難さを理解できず、自宅での生活を希望しています。後見人には施設入所契約締結の代理権があります。Ａさんのためにも施設入所としたいと思いますが、問題ないでしょうか。

POINT	・成年後見人の権限 ・居所指定権

誤認例	成年後見人は施設入所契約の代理権を付与されているのであり、また、成年被後見人のために施設入所が必要なのであるから、施設入所契約を締結し、入所させることができる。

本当は	成年後見人には、居所指定権はなく、また成年被後見人の意思尊重義務もあるので、成年被後見人の納得・同意を得る必要がある。

解　説

　後見人の職務は、財産管理事務と身上保護事務とに大きく分けて考

えられています。従前は、「身上監護」という言葉が使われていました。しかし、「監護」というのは「監督保護」という意味ですが、現在は、成年後見人は、成年被後見人の意思決定を支援し、その意向を十分に重視し、実現していくことが求められています。そこから「監督」という立場よりは、本人を尊重する姿勢が求められているので、成年後見人の職務として、「身上監護」よりも「身上保護」という言葉で表すことが多くなっています。現行法では、身上保護の面についても、後見事務の遂行の指針となる一般的な責務の内容として、「成年後見人は、成年被後見人の生活、療養看護及び財産の管理に関する事務を行うに当たっては、成年被後見人の意思を尊重し、かつ、その心身の状態及び生活の状況に配慮しなければならない。」と定めていて、身上配慮義務と呼ばれています（民858）。保佐についても、同旨の規定があり（民876の5Ⅰ）、補助にも準用されています（民876の10Ⅰ）。

　施設入所契約は、身上保護事務の一つであり、後見人には、その契約締結の代理権は認められています。むしろ、本人を見守り、施設入所の必要性を検討し、必要性があれば、施設のサービス内容等を検討して適切な施設を選択し、入所契約を締結することは、後見人の重要な職務と考えられます。

　しかしながら、実際に、施設に入所するのは本人自身であり、それは、本人の生活を大きく変えるものです。身上配慮義務から「本人の意思に反する強制的な施設入所等の権限を成年後見人等に付与することは、本人の自己決定および基本的人権との抵触のおそれがある」（小林昭彦ほか編『新成年後見制度の解説（改訂版）』143頁（きんざい、2017））と考えられるので、成年後見人には本人の居所指定権は認められていません。なお、未成年後見人には、明文で居所指定権が認められています（民857で民821を準用）。

　また、成年後見でも未成年後見でも、本人自身の行為を目的とする

債務を負担する行為（例えば雇用契約）については、本人の同意がなければ締結できない（民859Ⅱで824ただし書を準用）とされています。「被後見人の自由を束縛する債務を負担するには本人の同意を要求することによって、行為の自由を犠牲にしてはならないという趣旨」（於保不二雄＝中川淳編『新版注釈民法(25)親族(5)　親権・後見・保佐及び補助・扶養－818条～881条〔改訂版〕』411頁〔中川淳〕（有斐閣、2004））です。

　こうした規定からも、本人に施設入所を強制することはできません。本人に、よく説明をして、本人の納得・同意を得ることが必要です。

　具体的には、まず第一に、本人の意思、意向、希望をよく聞くことが大切です。現在の生活や、施設入所についての考え、どういう生活を希望しているのかについて、丁寧に時間をかけて聞きます。その際には、場所、時間、同席する人等について、本人が話しやすいような環境に配慮する必要があります。また、言葉で説明を繰り返すだけでなく、絵やスライドなどを利用したり、複数の施設の見学、体験入居、ショートステイなどの経験も有益です。

　そもそも、後見人の考えを押し付けることはすべきではありません。一旦、本人が納得しても、また考えが変わることもあり得ます。

　こうした本人との意見交換の経過自体が、後見事務の遂行であり、本人と並走しながら、本人にとっての最善の道を一緒に考える、という姿勢が最重要です。

　どうしても、本人の納得・同意が得られないのであれば、他の選択肢を考えることとなります。在宅での福祉サービスを増やす、手すりの設置など、住環境の整備・見直しが必要です。

　成年後見人としては、よく話し合った結果を、その時点の結果として受け止め、今後を考えることが求められます。いずれにせよ、後見人等としての本人に対する身上配慮義務の遂行として、本人の意思、意向、希望を重視しながら、生活環境の見直しを行っていくこととなります。

【37】　後見人は離婚訴訟で和解離婚を成立させられる？

　Aさんには、成年後見人が選任されています。夫から、離婚訴訟が提起されましたが、Aさんは、離婚はしたくないと言っています。後見人はどのように対応すべきでしょうか。

POINT	・成年後見人の権限
	・身分行為
	・人事訴訟法

誤認例	人事訴訟法で、成年後見人は当事者適格を認められているので、和解離婚も成立させることができる。

本当は	本人の手続参加なしには、成年後見人だけで、和解離婚を成立させることはできないため、本人の意思・意向に沿って対応することとなる。

解　説

　成年後見人は、本人の財産に関する法律行為については、広範な代理権を有していますが（民859Ⅰ）、婚姻、離婚、養子縁組、離縁、認知、遺言等の身分上の行為は、代理に親しまないものであり、代理権は及びません。また、同意権もありません。

　婚姻は明文で「成年被後見人が婚姻をするには、その成年後見人の

同意を要しない。」（民738）と規定され、離婚についても同様です（民764）。成年被後見人自身に、婚姻、離婚の意味を理解する意思能力があれば、成年後見人の同意は不要であり、また成年後見人が代理をすることもできないのです。婚姻や離婚は、「親族的身分関係の変動という高度に個人的、人格的な内容を有するものであることから、他者の決定には親しまず」「その者の決定が尊重されるべき」だからです（島津一郎＝阿部徹編『新版注釈民法(22)親族(2)　離婚－763条〜771条』70頁〔岩志和一郎〕（有斐閣、2008））。

　結果として、「意思能力を有する被後見人は自ら身分行為を行うことができるが、意思能力を欠く被後見人については特に法律に規定がある場合の他、身分行為はなしえないこととな」ります（片岡武ほか『家庭裁判所における成年後見・財産管理の実務〔第2版〕　成年後見人・不在者財産管理人・遺産管理人・相続財産管理人・遺言執行者』40頁（日本加除出版、2014））。

　離婚については、被後見人に意思能力があれば、協議離婚もできます。協議（話合い）で決着がつかなければ、家庭裁判所の調停という方式があります。

　調停一般については、成年被後見人は手続行為能力がないとされていますが（家事17Ⅰ）、離婚など人事訴訟が提起できる事項の調停事件については、成年被後見人に手続行為能力があるとされています（家事252Ⅰ五）。離婚の調停事件については、成年被後見人自身が当事者として、成年後見人に代理されずに対応できるのです。成年後見人は、代理人として調停に出席するなどの関与はできるものの、代理人として「調停の合意をすることはできない」とされています（家事252Ⅱ、野田愛子＝梶村太市編『新家族法体系　第5巻　調停・審判・訴訟』200頁（新日本法規出版、2008））。成年被後見人自らの意思なしに、調停成立はできないということです。

　本問のように、訴訟となる場合もあります。離婚や離縁などの人事訴訟においては、成年被後見人は、訴訟能力を有するとされています

（人訴13）。また、成年後見人について、「成年後見人は、成年被後見人のために訴え、又は訴えられることができる。」（人訴14）と規定されています。これは、身分行為は代理に親しまないとの理由から、訴訟担当者（職務上の当事者）として、成年後見人自らが、法定代理人としてではなく、原告あるいは被告となると取り扱われています。

　離婚及び離縁の訴訟については、訴訟上の和解の制度がありますが、成年後見人は当事者ということから、和解により離婚・離縁を成立させることもできるのでしょうか。

　和解離婚は「裁判官の面前で和解が整った旨の陳述がされた場合に実体的な当事者の離婚意思の合致及びこれについての公的機関（裁判所）による確認がなされていると評価され」ることから、認められています（野田＝梶村・前掲195頁）。通常訴訟では認められている書面和解やテレビ会議による和解は認められておらず、裁判官の面前での本人自身の意思確認が重要なのです。

　そこから、成年後見人が、訴訟当事者として関与している場合、「身分関係の当事者である本人の意思を重視すべきであるとすると、意思能力を有する状態の本人が離婚」「の意思を有していれば、本人を利害関係人として和解に参加させて」「和解離婚」「を成立させることは可能」といえます（野田＝梶村・前掲199頁）。成年後見人として、本人意思を確認していたとしても、成年後見人のみでは、和解離婚を成立させることはできません。

　また、本問では、本人自身に離婚の意思はないことからも、和解離婚は成立しないこととなります。

　成年後見人としては、本人意思を尊重することが最重要であり、本人の意思・意向に沿って、それを支援する立場から、調停や訴訟に関与します。ただし、訴訟の結果が離婚判決となることが予想される場合、財産分与、慰謝料などの財産的請求について、本人の不利益にならないよう、財産分与（付帯処分）の予備的申立て、慰謝料請求についても検討が必要です。

第5　医　療

【38】　被後見人が入院した場合、他に適任者がいなければ、後見人が保証人にならなければならない？

　成年被後見人が入院となりましたが、入院先の病院から保証人を求められています。本人には、頼れる親族はおらず、保証人は見つけられそうにありません。成年後見人としてはどうしたらいいでしょうか。

POINT	・入院契約 ・保証人の役割 ・成年後見人の対応

誤認例	成年後見人は、入院契約を締結する代理権があり、本人に適切な医療を受けてもらうためにも、他にいないのであれば、後見人自身が保証人となるしかない。

本当は	保証は成年後見人の役割ではなく、保証人となって保証債務を履行した場合、本人に求償することとなり、本人と利害が対立する関係を生じてしまうことからも不適切である。

解　説

　成年後見人は、本人に対して身上配慮義務（民858）を負っており、適

切な医療、介護、福祉サービスを受けるよう配慮する義務があります。本人に入院が必要であれば、入院手続を行うことが必要です。

　入院の手続では、保証人を求められることが多いのが実情です。頼れる親族がいないと、成年後見人に保証人となることを求められることも聞かれます。成年後見人は、医療機関と入院契約を締結することについては権限があります。しかし、保証人になることは、成年後見人の役割を超えるものです。また、保証債務を支払った場合には、本人に求償する立場に立ち、法的には利害が相反する立場に立つこととなってしまいます。それゆえ、保証人となることは適切ではありません。

　病院が保証人を求めてきた場合、前提として、「身元保証人等がいないことのみを理由に、医師が患者の入院を拒否することは、医師法第19条第1項に抵触」し、許されない（平30・4・27医政医発0427第2）ことを説明すべきです。

　令和元年6月には、「身寄りがない人の入院及び医療に係る意思決定が困難な人への支援に関するガイドライン」（以下「ガイドライン」といいます。）が厚生労働省の研究事業の成果として発表されています（令元・6・3医政総発0603第1別添）。

　このガイドラインは、頼れる親族や「身寄りがいない場合にも」「安心して必要な医療が受けられるよう」、また「医療現場における成年後見人等の役割とその関わりの方法についても整理し」、「医療機関や医療従事者に向けてそれらを周知することも目的として作成」されています（ガイドライン5頁）。このガイドラインに沿って、適切な取扱いを広めることが求められています。

　ガイドラインでは、医療機関が保証人（身元保証、身元引受等）に求める機能や役割を6つにまとめ、ガイドライン16頁以降に成年後見制度を利用している場合について書かれています。概要は以下のとお

りです。

「①　緊急の連絡先に関すること」については、必ずしも成年後見人
　　等が緊急連絡先になるとは限らず、親族となる場合もあるので、
　　確認が必要。成年後見人等が緊急連絡先でない場合にも、「緊急
　　時の対応が終了したのちに本人の状況等や治療の経過等について
　　成年後見人等に伝え」ること。

「②　入院計画書に関すること」については、本人への分かりやすい
　　説明とともに、診療契約の代理権があり、その履行を確認する義
　　務もある成年後見人等への説明も必要。

「③　入院中に必要な物品の準備に関すること」については、「入院に
　　必要な物品を準備する等の事実行為は成年後見人等の業務」では
　　ないとした上で、「これらを行う有償サービスを手配するのは成
　　年後見人等の業務に含まれ」る。また、「成年後見人等自らが」「準
　　備している場合もあ」るので、「依頼したい具体的な内容を成年後
　　見人等に伝え、相談」すること。

「④　入院費等に関すること」については、その支払は成年後見人等
　　の本来的職務であること。「成年後見人等が保証人として入院費
　　を負担することは」ないこと。

「⑤　退院支援に関すること」は、「本人の意向を確認して」成年後見
　　人等に相談する。成年後見人等としては、本人の症状、退院後の
　　医療的ケアの必要性、身体状況などを確認し、必要なサービスを
　　手配することが必要。

　　「居室の明け渡しや転院・退院の付き添いのような事実行為」は
　　成年後見人等の業務ではない。必要に応じてサービスを手配する
　　ことは成年後見人等の業務である。

　　　ただし「成年後見人等自らが」「付随する事実行為」として行う
　　場合もあるので、成年後見人等と相談する。

「⑥　　（死亡時）の遺体・遺品の引き取り・葬儀等に関すること」については、「後見類型については、家庭裁判所の許可の上、成年後見人が一部の死後事務を行うことができる」（【57】参照）ので、成年後見人と相談。ただし、現在においても、遺体・遺品の引き取り・葬儀等は、成年後見人の義務とまではされていません。死後の対応については、親族の有無・対応、死後事務委任契約の有無などを勘案し、家庭裁判所の許可制度を利用するか否かも含めて、検討・対応することとなります。

なお、いわゆる医療同意の問題は【39】を参照してください。

【39】　被後見人が入院し、手術を受ける必要があるが、親族に適任者がいなければ、後見人が同意することができる？

　【38】のケースで、医師から手術が必要として、手術への同意も求められました。成年後見人として、同意をしていいのでしょうか。

POINT	・医療における同意能力 ・成年後見人と医療同意

誤認例	同意がなければ手術をしてもらえないとすれば、成年後見人としては同意するしかない。

本当は	医療行為の同意については、本人の一身専属性が極めて強いものであり、第三者には同意の権限はない。本人の意思決定の援助、本人の医療情報を整理して提供、親族との連絡・調整等が職務となる。

解　説

　医師が行う医療行為は、身体に対する侵襲行為（医的侵襲）を伴う場合があります。手術が代表的ですが、予防接種、X線による健康診断なども同様です。医的侵襲については、診療契約とは別に、個々に患者の同意が必要と考えられています。自らの身体に対する侵襲を許

容するか否かは、患者の自己決定に委ねられるべきだからです。

　このような具体的な医療行為につき同意をするには、前提として本人に同意能力が必要です。内容を理解できずになされた同意は効力がありません。

　その際、求められる同意能力は、具体的医療行為の内容により、個別に判断されます。例えば、予防注射を接種することへの同意と胃がんの手術をするという同意とでは、求められる能力に違いがあることは明らかです。

　成年被後見人は、判断能力を欠く常況にあるとして後見が開始されていますが、だからといって、全ての医療行為につき同意能力がないとはいえません。また、受ける治療・手術によって、同意能力がある場合もない場合もあります。

　具体的な治療・手術に当たって、本人に同意能力があれば、適切な情報提供を行って、本人の同意に基づいて、治療を進めますが、本人に同意能力がない場合はどう対応するのか、が問題となります。

　【38】で紹介したガイドラインは23頁以下で、「医療に係る意思決定が困難な場合」について、まず第一に「本人の判断能力の程度にかかわらず、医師等の医療従事者から適切な情報の提供と説明がなされ」ること、それによる「本人による意思決定を基本とした上で適切な医療提供を行うことが重要」とされています。本人を主体として、本人による同意を確認することを最初に考えるということです。

　次に、本人の同意が確認できない場合について、「成年後見人等の第三者が医療に係る意思決定・同意ができるとする規定はなく」「医療に係る決定・同意を行うことは後見人等の業務に含まれているとは言えません」と明記されています。結局のところ、本人以外に、同意できる者はいない、という原則が明記・確認されているのです。

　もちろん、本人に同意能力がない場合も本人に適切な医療が保証さ

れなければなりません。そこで、ガイドラインでは、医療機関は、①家族等が本人意思を推定できる場合にはその推定意思を尊重し、最善の方針をとる、②本人意思を推定できない場合には、本人にとって、何が最善であるかについて、本人に代わる家族等と十分に話し合い最善の方針をとる、その上で「時間の経過、心身の状態の変化、医学的評価の変更等に応じて、このプロセスを繰り返し行う」、③家族等がいない場合及び家族等が判断を医療・ケアチームに委ねる場合には、医療ケアチームが最善の方針をとる、さらに、全ての場合において、話し合った内容は、その都度文書に残すとされています。

　いずれにしても行う医療的ケアは、最終的には医療・ケアチームが決めるものですが、本人意思を推定するなどして、最善の方針をとることとしています。

　成年後見人の役割としては、本人の意思が尊重されるよう、本人が意思決定しやすい場の設定、本人意思を推定するための情報提供、また、「関わりの薄くなっていた親族への連絡、情報提供、関与を依頼」「意見調整」などが記載されています。

　成年後見人としては、本人に代わって同意をすることは業務でもなく、また同意する権限もありません。本人の意思が尊重され、かつ、適切な医療が提供されるように、環境整備、親族等との連絡等を行うことが期待されているものです。

【40】 被後見人が精神科病院に医療保護入院をする必要がある場合、その同意は、まずは後見人がすることとなる？

Aさんは、精神障害と診断されています。最近、症状が悪化し、入院が必要と医師に言われています。私はAさんの成年後見人なのですが、Aさん自身が入院に同意しなかった場合、私が同意しなければいけないのでしょうか。

POINT	・成年後見人の職務 ・精神科病院への入院形態 ・医療保護入院の同意

誤認例	成年被後見人が精神科病院に医療保護入院をする場合には、成年後見人が、第1順位で同意することが必要である。

本当は	精神保健福祉法が改正され、保護者制度は廃止された。現在は、配偶者、親権者、扶養義務者、後見人又は保佐人が、家族等として同意を行うことができる者となっている。後見人又は保佐人は、同意できる者の一人である。

解　説

　後見人は、成年被後見人に対し身上配慮義務を負っており（民858）、適切な医療環境、生活環境を整備すべく、種々の医療・介護サービス

を検討・手配する義務があります。本問では、入院による治療が必要との医師の診断が示されたことから、その検討が必要となります。

精神科病院への入院については、主に、任意入院と措置入院、更に医療保護入院の三つの形態があります。

任意入院とは、患者本人の同意に基づく入院であり、「精神科病院の管理者は」任意入院となるよう「努めなければならない」(精神20)と規定されています。「本人の意思を尊重する」ことが、「人権尊重という観点から極めて重要である」こと、「退院後の治療や再発時にも好ましい影響を与えるものと考えられること」、「『家族により強制的に入院させられた』として退院後の家族関係のトラブルを避けることができること、などの観点に立ったもの」です(精神保健福祉研究会監修『四訂精神保健福祉法詳解』214頁(中央法規出版、2016))。

ここにいう本人の同意とは、「患者が自らの入院について拒むことができるにもかかわらず、積極的に拒んでいない状態を含むもの」であり、また「成年被後見人である精神障害者が入院する場合であっても」「成年後見人の同意をさらに必要とするものではない」ものです(精神保健福祉研究会・前掲216頁)。病院との入院契約とは別の事柄であり、入院契約は成年後見人が代理して行うことができます。

措置入院とは、精神保健指定医二名の診察の結果、精神障害者であり、自傷他害のおそれがあると認められた場合、都道府県知事が、行政処分として、強制入院させるものです(精神29)。

医療保護入院とは、指定医による診察の結果、本人の医療及び保護のために入院治療が必要とされたものの、本人の同意が得られない、つまり任意入院とはできない場合に、家族等の同意により入院させるものです(精神33)。家族等とは、配偶者、親権者、扶養義務者、後見人又は保佐人です(精神33Ⅱ)。保護者制度は廃止され、同意ができる家族等には、順位はありません。また、家族等がいない、又は家族等

の全員が意思表示できない場合には、居住地の市区町村長が、代わって同意できることとなっています（精神33Ⅲ）。

　本問では、後見人としては、まずは成年被後見人の意思・意向を確認するとともに医師の説明を求め、入院の必要性について自らも検討します。医療保護入院も、本人の意思に反する強制入院であり、本人の人権を大きく制約するものです。後見人としては、こうした認識に立って、そもそも医療保護入院が必要なのかについても、慎重に検討する姿勢が求められます。

　その上で、後見人としても入院が必要と考えた場合は、医師と共に、成年被後見人によく説明して、成年被後見人の同意による任意入院となるように働きかけるべきです。それでも成年被後見人が同意しない場合には、後見人として同意することとなります。なお、後見人又は保佐人以外の家族等が同意して入院となることもあり得、その場合、後見人又は保佐人としては、入院が必要ではないと判断すれば、退院請求（精神38の4）をすることとなります（【41】参照）。

　医療保護入院については、入院後、退院して地域生活への移行を促進するために退院後生活環境相談員の選任（精神33の4）、地域生活についての相談を行う地域援助事業者を紹介する努力義務（精神33の5）、退院支援委員会の開催（精神33の6、精神規15の6）などが定められています。入院後は、このような退院支援の施策を利用して、退院後の生活を検討していきます。

　後見人としては、適宜、担当医師等から、入院治療の経過の説明を受け、成年被後見人の状況を確認し、退院の時期、退院後の生活などについて、成年被後見人と共に十分に検討し、早期の退院を目指す姿勢が必要です。

【41】　医療保護入院をしている本人が、退院請求を希望した場合、後見人は法定代理人として、退院請求をすべきである？

　【40】のケースで、成年後見人として、医療保護入院の同意をし、Ａさんは入院となりました。1か月ほど経過し、Ａさんの症状は落ち着いてきました。Ａさんは退院請求をしたいと言っていますが、これについては、私が同意を取り消せばいいのでしょうか。それとも代理して退院請求をすべきでしょうか。

POINT	・医療保護入院の同意
	・退院請求の意義
	・成年後見人による退院請求

誤認例	本人が退院請求を希望していれば、法定代理人として、成年後見人が退院請求をすることとなる。

本当は	退院請求については、本人も成年後見人も、それぞれの立場で、独立して行うことができる。

解　　説

　医療保護入院は、患者本人の同意に基づく入院（任意入院）ができない場合に、家族等の同意により入院させる入院形態です（精神33）。強制入院の一種となります。家族等とは配偶者、親権者、扶養義務者、

後見人又は保佐人です（精神33Ⅱ）。

　本人又は家族等は、都道府県知事に対し、退院請求及び処遇改善請求ができます（精神38の4）。処遇改善請求とは、「懲罰的な閉鎖病棟の使用、患者の隔離及び身体拘束の実施などに関する事項」など（精神保健福祉研究会監修『四訂　精神保健福祉法詳解』435頁（中央法規出版、2016））につき、その処遇の改善を請求するものです。

　医療保護入院の同意は、入院の際の同意であり、同意をした者に、その後の入院中に、更に負担すべき義務もなければ、特別の権利もありません。同意をした者であっても、それ以外の家族等であっても、治療の結果や本人の状況などから、退院が妥当と判断する場合には、同意を撤回するのではなく、退院請求をすることとなります。

　Ａさんは自ら退院請求ができます。後見人も家族等として、独立して、請求できます。後見人は後見人の立場で、退院請求をすべきかを検討することとなります。処遇改善請求も同様です。

　一般的には、まずは、担当医師に面会して、Ａさんの退院についての希望を伝え、医師の意見を聞くことが必要です。医師が退院を認めず、その意見に納得できず、後見人として退院が適切と判断すれば、退院請求をすることとなります。

　退院請求がなされると、都道府県知事は、精神医療審査会に通知し、同会による審査が行われます（精神38の5）。精神医療審査会は、精神科の医師や法曹（裁判官、検察官、弁護士）、精神保健福祉士、学識経験者等から構成されています。審査会は、入院先の病院に赴いて、カルテの検討、本人や主治医の意見聴取、などをなして、審査を行います。その審査結果をもとに、都道府県知事が、請求の当否を判断します。

　退院請求は、強制入院形態である措置入院（自傷他害のおそれのある精神障害者を都道府県知事が行政処分として入院させるもの（精神29））及び医療保護入院の場合になされるものですが、厚生労働省の統

計である衛生行政報告例によれば、平成30年度の医療保護入院の届出数は187,683件、措置入院は1,478件です。同年度の退院請求は3,044件とされています。退院請求の数自体も大変少なく、また、退院請求が認められるケースもおよそ多いとはいえないのが実情です。そもそも、日本は、精神科の病床数も、平均入院日数も、国際水準に比し、多いことが問題といわれています。退院促進、地域移行といわれていますが、まだまだ進んでいるとはいえません。

　その原因は、単純ではありませんが、我が国全体の精神障害者施策において、地域の中で、精神障害者と共生していくための支援、福祉サービスや社会資源がまだまだ少ないことが影響していると考えられます。

　そうした現状を踏まえても、退院請求や処遇改善請求を積極的に行っていくことは、大きな意義があります。それとともに、退院後に地域で暮らしていくためには、家族等との連絡・関係調整、住居の確保、福祉サービスの積極的活用、医療の確保などが重要となります。最近は、精神科に限らず、訪問看護や訪問診療を行う医療機関も増えてきています。また、グループホームという選択肢もあります。そうした様々なサービスの利用を検討することで、退院請求が認められる可能性も高くなります。地域の福祉関係者とも連携し、本人の地域生活の具体的計画を作っていくことが重要です。

第6　第三者に対する責任

【42】　被後見人が第三者に損害を与えると、後見人に責任がある？

　私はＡさんの成年後見人に選任されています。Ａさんは、入所している施設で、Ｂさんと折り合いが悪く、何度か言い争いをすることがありました。今回は、持っていた杖で突いてしまい、Ｂさんは転倒して重傷を負ってしまいました。Ｂさんから賠償請求をされていますが、どうしたらいいのでしょうか。

POINT
　・責任能力
　・責任無能力者の監督義務者、準監督義務者
　・成年後見人の責任

誤認例	成年後見人は、責任無能力者たる成年被後見人の法定監督義務者として、責任を負う。

本当は	成年後見人は成年被後見人に代わって責任を負うべき法定監督義務者には該当しないが、準監督義務者として責任を負う場合がある。事案により成年被後見人の心身や生活の状況、介護や監護の実態等により個別に判断される。

解　説

　成年被後見人が、第三者に損害を与え、不法行為（民709）として、損害賠償を請求される場合があります。民法713条は、「精神上の障害により自己の行為の責任を弁識する能力を欠く状態にある間に他人に損害を加えた者は、その賠償の責任を負わない。」と規定しています。「自己の行為の責任を弁識する能力」を責任能力といい、責任能力のない者（責任無能力者）は責任を負わないとしたものです。それだけでは、被害者保護に欠ける結果となるので、法定監督義務者が、代わって損害賠償義務を負うとされています（民714Ⅰ）。

　責任能力の有無は個別に判断されますが、成年被後見人については、責任無能力とされる場合も多いと考えられます。もしも、責任能力がある場合は、成年被後見人（本問ではAさん）が賠償責任を負うこととなります。

　成年被後見人が責任無能力者であった場合について検討すると、これまで裁判になった事例として、認知症高齢者の列車事故において、鉄道会社が列車の遅延等の損害を遺族に請求した事案があり、社会的に大きな注目を集めました。

　従前は、法定監督義務者（民714Ⅰ）について、親権者と並んで、後見人も当然に該当すると考えられていました（例えば、潮見佳男『基本講義　債権各論Ⅱ　不法行為法（第2版）』92頁（新世社、2009））。しかし、前記事例で最高裁判所は、成年後見人の身上配慮義務（民858）は「成年被後見人の行動を監督することを求めるものと解することはでき」ず、成年後見人であるというだけでは、法定監督義務者に該当しないとしました（最判平28・3・1判時2299・32）。ただ、「法定の監督義務者に該当しない者であっても」、「身分関係や日常生活における接触状況に照らし、第三者に対する加害行為の防止に向けてその者が当該責任無能力者の監督を現に行いその態様が単なる事実上の監督を超えているなどその監督義務を引き受けたとみるべき特段の事情が認められる場合には」、

準監督義務者として責任を負うとしました。

　そして準監督義務者に当たるか否かは、①その者自身及び本人の生活状況、心身の状況、②本人との親族関係や同居の有無、及び日常的接触状況、③財産管理への関与の状況、④本人の問題行動の有無・内容とそれに対応して行われている監護や介護の実態などを総合考慮し、「その者が精神障害者を現に監督しているかあるいは監督することが可能かつ容易であるなどの衡平の見地から」判断されます。

　第三者後見人であれば、親族関係や同居はなく、財産を管理している者であるところから、本人の心身の状況と、従前の問題行動の有無、問題行動があった場合の対応が重要な考慮要素となると考えられます。

　本問について考えると、Aさんは従前からBさんとは言い争いがあったとのことです。成年後見人として、言い争いの状況や原因を把握すべく、Aさんに働きかけたり、施設と話し合うなどして、Aさんが平穏な生活を送ることができるように適切な配慮をすべきです。しかし、そうした配慮は、一般的には、「監督」ではなく、「監督義務を引き受けたとみるべき特段の事情」も認められないと考えられます。したがって、Aさんも成年後見人もBさんに対して、損害賠償責任はないと考えます。

　前記最高裁判決が示した判断枠組みは、親族等を含め、関係者が、責任無能力者の生活・介護に、濃密に関与すればするほど、責任を問われる可能性が高くなるのではないかとの疑問もあり、今後の判例の集積・動向が注目されます。

　なお、Bさんは、施設に対し、「監督義務者に代わって責任無能力者を監督する者」（代理監督義務者）として、その責任を追及することも考えられます（民714Ⅱ）。従前、施設は代理監督義務者と考えられており、施設には入居者の安全に配慮する義務があります。Aさんの動向に対する注意を怠ったなど、義務の不履行があれば、施設が損害賠償責任を負うこととなります。

【43】　後見が開始した後は、被後見人は遺言を作成することはできない？

　私はＡさんの成年後見人に選任されていますが、Ａさんの甥御さんから、「Ａさんは自分に財産をくれると言っている。遺言を作ってほしい。」と言われています。確かにＡさん自身もそう言っています。Ａさんの遺言は作成できるのでしょうか。

| POINT | ・後見開始と遺言
・遺言能力
・成年後見人の関与 |

| 誤認例 | 成年被後見人は判断能力を欠く常況に有る者として、後見が開始していることから、遺言能力はなく、遺言を作成することはできない。 |

| 本当は | 判断能力を一時回復している場合には、遺言をすることができる。ただし、医師二名以上の立会いが必要とされている。 |

解　説

　成年被後見人は、「事理を弁識する能力を欠く常況にある者」として後見開始の審判がなされた者です（民7）。事理弁識能力とは、「『判断能力』を法令用語で表した表現で」「法律行為の利害得失を判断する能

力（後見等の事務に係る法律行為が自己にとって利益か不利益かを判断する能力）」です（小林昭彦ほか編『新成年後見制度の解説〔改訂版〕』50頁（きんざい、2017））。成年被後見人は、事理弁識能力すなわち判断能力を「欠く常況にある」とされているのですから、「通常は、意思能力を欠く状態にある」と考えられています（小林ほか・前掲99頁）。

　意思能力を欠く、すなわち意思無能力であれば、基本的には遺言能力も欠いていると考えられます。しかしながら、意思能力も遺言能力も個々の法律行為ごとに具体的に判断されるものであり、また、時によって一時回復する場合もあることから、「成年被後見人が事理を弁識する能力を一時回復した時」には、「医師二人以上の立会い」により、遺言をすることが認められています（民973Ⅰ）。この遺言は、成年後見人が取り消すことができないことも明文で定められています（民962・9）。遺言は、その人の最後の意思を尊重しようとする制度であり、後見を開始した後といえども、その意思を尊重しようとしたものです。

　後見開始後であることから、遺言能力に疑問が生じるため、医師二人以上が立ち会い、「精神上の障害により事理を弁識する能力を欠く状態になかった旨を遺言書に付記して」署名捺印することとされています（民973Ⅱ）。

　保佐・補助の場合には、特に規定はなく、具体的な遺言の内容、作成時の本人の精神状況等により、遺言能力は個々に判断されます。

　次に、遺言の作成につき、成年後見人等は、どのような関与をすべきでしょうか。遺言は、本人が死亡して初めて効力が生ずるものですが、成年後見人等は、本人の生存中の生活の支援者であり、本人の死亡により、原則として、その権限は消滅します。そこから、遺言の作成への協力は、原則としては成年後見人等の職務とはいえないと考えます。

　しかし、例えば、後見等開始審判の前から、本人が遺言の作成を希

望していた、親族間に紛争もなく、遺言内容も特定の相続人に有利なものではない、現在の本人の意思も明確に確認できるなどの事情があれば、遺言の作成に協力することも考えられます。特に、本人が遺言の作成を強く希望しているものの、協力する親族等がいない場合には、遺言を作成することが本人の現在の精神的安定を図ることとなることもあります。

　他方、特定の相続人あるいは親族に有利な遺言を作成する場合は、遺言の作成が紛争を誘発する場合もあります。遺言の内容によっては、成年後見人等の中立的立場に疑いをもたれることにもなりかねません。やはり、原則的には成年後見人等は遺言の作成には関与すべきではないといえます。ただし、関与しなければいいというわけではなく、本人の遺言作成の希望・意向が、他者からの過剰な関与によって、作られた希望・意向ではないのかについては、注意が必要です。本人の意思、希望で、遺言が作成されるのでなければ、遺言、それ自体が紛争の種となり、紛争状態を誘発・激化させ、本人の穏やかな生活が乱されることにもなり得ます。

　本問では、甥御さんからの提案です。まずは、本人の希望・意向をよく確認していくことが必要です。また、Ａさんの判断能力・遺言能力について、医師の意見を聴取したり、遺言能力に関して、診断書を取得しておくことも紛争を防ぎ、成年後見人等としての判断の一助ともなり、有益と考えられます。

【44】　被保佐人が希望した場合、保佐人は遺言執行者になれる？

　私はＡさんの保佐人となっていますが、Ａさんは、夫に先立たれ、子どももいないため、自身を世話してくれている姪と、信仰している宗教団体に、財産を残したいと言っています。そして、私に遺言執行者になってほしいと言っているのですが、どう対応したらいいでしょうか。

POINT	・被保佐人の遺言能力 ・遺言執行者の職務 ・保佐人と遺言執行者

誤認例	被保佐人の希望であれば、遺言執行者になることに特に問題はない。

本当は	保佐人は、被保佐人のために職務を行い、被保佐人の周囲の親族、関係者の誰に対しても中立的立場にある。遺言作成に協力し、更に遺言執行者となることで、その中立的立場に疑問を持たれる場合もあり、原則としては、遺言執行者にはならないことが適切である。

解　説

　保佐類型は、本人の判断能力が著しく不十分な場合に開始します（民

11)。被保佐人の遺言能力については、遺言作成時の被保佐人の精神状況、財産の状況、遺言の内容などの個別事情に応じ、個々に判断されますが（【43】参照）、遺言能力があるとされる場合も多いと思われます。

　遺言執行者とは、「遺言の内容を実現するため、相続財産の管理その他遺言の執行に必要な一切の行為をする権利義務を有する」（民1012 I）者です。従前は、「相続人の代理人」と規定されていましたが、相続人のために職務を行うものではなく、「遺言の内容を実現する」、すなわち遺言者のために、遺言を執行していく者であることを明確にするために、平成30年の民法改正により、条文が改正されました。

　【43】にもあるとおり、遺言の作成への協力や遺言執行者への就任は、原則的には保佐人の職務とはいえません。しかし、被保佐人自身が遺言の作成を希望していて、それが周囲の意見によって作られたものではなく、被保佐人が前提としている認識にも誤りや誤解がなく、遺言の作成により被保佐人自身の精神的安定も得られるというような事情があれば、遺言の作成に保佐人が関与・協力することも許されますし、むしろ望ましい場合もあるといえます。

　ただし、遺言執行者に就任するか否かは、更に慎重な検討が必要です。遺言執行者については、法的に欠格事由とされているのは未成年者と破産者のみです（民1009）。保佐人が遺言執行者になることを禁止する規定はありません。しかし、遺言は、関係者の権利関係の変動を生じさせます。特に、親族や法定相続人の一部のみが利益を受ける内容である場合に、保佐人が遺言執行者となって、その遺言を執行していくと、遡って、保佐事務の遂行が、本人のためではなく、その一部の者の利益になるように行われていたのではないか、との疑いを生じさせるおそれがあります。保佐人の中立性を疑われ、責任を追及される事態ともなりかねません。

　そこから、保佐人として遺言作成への関与、更には遺言執行者への就任については、当該事案の状況、特に被保佐人の生活状況、精神状況、財産の状況、親族等関係者との関係をよく見極め、慎重に判断することが必要です。具体的には、保佐人と被保佐人の間に、長年の信頼関係がある場合（例えば、保佐人が、永らく被保佐人の経営する会社の顧問弁護士であったなど）でなければ、保佐人自らではなく、弁護士等の専門家に依頼するようにアドバイスすることが適切と考えます。また、遺言により財産を受ける人（受遺者）を遺言執行者とすることもできます。この場合、遺言の効力が発生した後、受遺者自身による遺言の実現が難しい事態があれば、受遺者から専門家に相談・依頼することもできます。遺言の内容を実現することは、この方法でもできることです。

　なお、後見や補助の類型の場合にも、後見の場合には医師二名の立会が必要とされている（民973Ⅰ）以外の考え方は同様と考えられます。

第7　後見監督人

【45】　後見監督人が選任されている場合の被後見人財産の調査・目録の作成は、後見監督人には事後報告だけでよい？

　Ａさんの後見が開始し、長女のＢさんが後見人に選任され、私が後見監督人に選任されました。Ｂさんは、早速、財産目録、年間収支予定表の作成を始めようとしていますが、監督人としては、どのように対応すればいいでしょうか。

POINT	・後見監督人の職務 ・財産調査及びその目録の作成への立会い

誤認例	財産調査及びその目録の作成は、後見監督人の立会いが必要とされているので、全ての過程に立ち会うことが必要である。

本当は	後見監督人の立会いをもって、財産調査及びその目録の作成をしなければならないが、全過程について、後見監督人が同席しなければならないとは考えられていない。

解　説

　後見監督人は、「被後見人、その親族若しくは後見人の請求により又

は職権で」選任されるものであり（民849）、必置の機関ではありません。

　家庭裁判所による職権選任が多く、選任される場合は、親族間に意見の対立がある場合、財産の額や種類が多い場合、申立ての動機となった課題が重要な法律行為である場合、後見人と被後見人との間で利益相反する行為があり、後見監督人に被後見人の代理をしてもらう必要がある場合、などが挙げられています（東京家庭裁判所後見センター東京家庭裁判所立川支部後見係「成年後見人・保佐人・補助人ハンドブック（Q＆A付き）」（令和2年4月）92頁）。

　後見人は、初回報告として財産目録と年間収支予定表の作成が必要ですが（【21】参照）、「財産の調査及びその目録の作成は、後見監督人があるときは、その立会いをもってしなければ、その効力を生じない」と規定されています（民853Ⅱ）。

　ここでいう立会いとは、「財産調査に臨んでこれを監督すること」（於保不二雄＝中川淳編『新版注釈民法(25)親族(5)　親権・後見・保佐及び補助・扶養－818条～881条〔改訂版〕』385頁〔明山和夫＝國府剛〕（有斐閣、2004））であり、「後見人をして正確完全なる財産調査および目録調製をなさしめるために設けられた強行規定」（於保＝中川・前掲386頁）とされています。

　後見人が、財産調査及びその目録の作成をするに際しては、通常、後見開始審判事件の記録と、同事件の申立人及び本人、親族、福祉関係者との面談等により、事案を把握し、財産関係についても情報収集をします。

　それを基に、まだ判明していない資産の有無、あるとすれば、その調査方法を検討します。こうした過程は、財産調査の準備段階と捉えられます。

　この検討結果から、申立て時に把握されている財産以外の財産情報がなければ、財産調査は行わないこととなります。新たな情報があれば、財産調査が必要となり、後見監督人の立会いを求めます。よくあ

る例としては、申立て時には、財産を把握できていない場合に、自宅を訪問して、自宅内に通帳・証書などがないか、知られていない金融機関からの郵便物がないかなどを調査します。また、銀行等に貸金庫がある場合には、必ず開扉して、内容物を確認します。これらの調査によって、新たな財産が判明する場合もありますので、後見監督人の立会いを求める意義があります。

　財産調査の方法については、電話や文書による問合せをする場合もあります。また、銀行等の口座については、通帳の引渡しを受けて、ＡＴＭで記帳することも預金の現状を把握するための財産調査ともいえます。さらに、収集した資料を検討することも財産調査の一環とも考えられます。

　こうした財産調査の全ての過程について、後見監督人の立会いを得て、その面前で行うことが求められているとは考えられません。新たな財産の有無を直接確認できる前記の自宅内調査や貸金庫開扉等以外については、後見人による調査結果を、回答文書等の資料の原本と共に、監督人に報告し確認を受けることで足りると考えられます。

　こうして資料を収集して整理し、それを基に財産目録の作成を行いますが、資料の整理・検討と照合作業は、作成の準備段階とも捉えられます。実際に、財産目録という書類を作成する過程全てに立会いが必要とは考えられません。

　財産目録の作成において、最も重要なのは、数字等の内容が資料に合致して正確なことと、漏れがないことです。立会いを要求している法の趣旨も、「正確完全なる」財産目録の作成にあります。そこから、最終的に、後見監督人の立会いを得て、監督人自らも、資料原本と目録を照合し、その正確性を確認した上で、作成作業を終了させることとすることが必要であり、かつ、それで足りると考えられます。

【46】　後見人が、被後見人の財産から貸付けを行いたいと希望しても、監督人として同意をすることはできない？

　私は、Ａさんの後見監督人に選任されています。後見人はＡさんの長男のＢさんです。Ａさんは、長年、自動車の部品製造のＣ株式会社を経営してきた人で、Ｂさんはその跡を継いで、現在の社長です。Ｂさんから、Ｃ株式会社の運転資金が足りないため、Ａさんの預貯金から300万円を貸してほしいと言われています。私は後見監督人としてどのように対応すべきでしょうか。

POINT	・後見監督人の職務 ・後見監督人の同意が必要な行為 ・貸付けについての同意の要否と適否

誤認例	貸付けは、後見監督人の同意を要する行為であるが、貸し付けた金員が戻らない場合もあり、被後見人に不利益な行為であるので、同意することはできない。

本当は	貸付けは、後見監督人の同意を要し、また貸付けは、被後見人の財産を減少させる可能性もあり、原則的には同意すべきではない。しかし、被後見人の意思・意向が確認でき、十分な担保が得られるなどの条件が整えば、同意をすることもあり得る。

解　　説

　後見監督人は、「被後見人、その親族若しくは後見人の請求により又
は職権で」選任されます（民849）。

　「後見人が、被後見人に代わって営業若しくは第13条第1項各号に掲
げる行為を」する場合は、後見監督人の「同意を得なければならない」
と規定されています（民864）。同意を得ずに行った行為は、被後見人又
は後見人が、取り消し得る行為となります（民865）。後見監督人自身に
は取消権がないので、留意が必要です。

　貸付けは、利息付きであれば民法13条1項1号の元本の利用として（小
林昭彦ほか編『新成年後見制度の解説〔改訂版〕』88頁（きんざい、2017））、無利
息の場合でも、同3号の「重要な財産に関する権利の得喪を目的とする
行為」として、後見監督人の同意を要します（民864）。

　それでは、後見監督人として、貸付けの同意の適否はどのように検
討すべきでしょうか。まず、原則として、貸付けについては、許され
ない行為として同意できないと考えられています。「返済を受けられ
ずに、被後見人の財産を減少させるおそれがあることから、被後見人
にとって不利益な行為であり、原則として被後見人にとってその必要
性が認められない」からです（片岡武ほか『家庭裁判所における成年後見・
財産管理の実務〔第2版〕　成年後見人・不在者財産管理人・遺産管理人・相続財
産管理人・遺言執行者』68頁（日本加除出版、2014））。そして、「極めて例外
的な場合」に、「被後見人にとっての必要性を検討」する場合の考慮要
素として、「(1)被後見人の生活のために事業の継続が必要かどうか(2)
被後見人の生活の基盤が事業の収益に依存しているかどうか」が指摘
されています（片岡ほか・前掲68頁）。

　さらに、必要性のない貸付けを行い、被後見人に損害を与えた場合、
後見人も同意をした後見監督人も、善管注意義務違反として損害賠償

責任を負うと考えられています（片岡ほか・前掲68頁）。

　このように、貸付けは許されないものであり、後見監督人としても同意すべきでないということが原則であることは確認する必要があります。

　しかしながら、後見制度に対し、昨今、財産管理が硬直的であるとの批判があり、また、被後見人の意思を尊重すべきであるとの考えも、改めて強く主張されています。前記の指摘は経済的側面のみを検討しており、そこから検討すれば、前記のとおり、「極めて例外的な場合」にしか、被後見人にとっての必要性が認められない結果になるのは理の当然です。しかし、被後見人のこれまでの生活や被後見人の意思・意向などから、被後見人の主観的利益についても、検討要素に加えるべきではないかと考えます。

　本問のように、貸付先が被後見人自身が経営していた会社であれば、その発展には被後見人自身も強い思いがあることが想定されます。こうした場合で、貸付けにつき、被後見人が肯定的意思・意向を持っていることが認められ、後見開始前にも貸し付けたことがある、返済計画も根拠をもって提示されていて、担保も供されているなどの事情があり、貸付金額も、本人の資産の内容からすれば、過大とまではいえない程度であれば、貸付けを認め、後見監督人として同意することもあり得ると考えられます。

　ただし、経済的利益も重要な利益であり、万が一にも被後見人に経済的損害が生じることがないよう、慎重かつ緻密な検討が求められることにも十分に留意すべきです。

【47】　後見監督人は、本人が施設に入所して生活が安定し、後見人から報告を受けていれば、必ずしも本人と面会する必要はない？

　私は、特別養護老人ホームに入所しているＡさんの後見監督人に選任されました。後見人は、長女のＢさんです。Ｂさんは、定期的にＡさんの面会をし、その都度、私にＡさんの生活や身体状況につき、報告をしてくれます。

　Ａさんの状況は落ち着いており、今のところ、特別な課題はないと思われます。こうした状況の場合、監督人である私自身は、Ａさんと面会する必要はあるでしょうか。

POINT	・後見監督人の職務
	・本人面会について

誤認例	後見監督人は、後見人の監督が基本的職務であり、後見人が本人と面会し、適切な後見事務を遂行していれば、監督人自らが本人に面会する必要はない。

本当は	本人の意思を尊重し、その意思決定を支援する立場から、事案に応じた、監督人としての見守り義務があり、本人との面会も必要である。

解　説

　成年後見監督人の職務は、基本的には後見人の事務を監督すること（民851一）です。それ以外にも、後見人が辞任や死亡で欠けた場合に遅滞なく選任を請求すること（民851二）、急迫の事情がある場合に必要な処分をすること（民851三）、後見人と被後見人の利益が相反する行為について、被後見人の代理をすること（民851四）も職務として定められています。

　後見監督人は、具体的には、以下のように後見人に対する監督を行います（片岡武ほか『家庭裁判所における成年後見・財産管理の実務〔第2版〕成年後見人・不在者財産管理人・遺産管理人・相続財産管理人・遺言執行者』94頁（日本加除出版、2014））。

①　後見人が就職時にする財産の調査、財産目録の作成に立ち会う（民853Ⅱ）。
②　後見人に対し、後見事務報告若しくは財産目録の提出を求め、又は後見事務若しくは被後見人の財産状況を調査する（民863Ⅰ）。
③　後見人が被後見人に対して債権を有し債務を負う場合においては後見監督人は財産の調査に入る前にその申告を受ける（民855Ⅰ）。
④　重要な財産行為についての後見人の代理権の行使、又は同意権の行使に同意を与える（民864）。
⑤　後見の計算（後見人の任務が終了したときに管理の計算を行う）に立ち会う（民871）。

　こうした監督事務を通じて、後見人の事務遂行が適切に行われているかどうかを見定めていく必要があります。この判断基準は、成年被後見人にとって、その利益が守られ、適切な事務遂行となっているかどうかにあります。成年後見制度は判断能力に困難を抱える人の意思決定を支援していく制度です。ことに障害者の権利に関する条約の理

念も踏まえ、本人を中心と捉え、後見人による代理代行決定ではなく、本人自身の意思・意向・希望・選好を重視し、本人の意思決定を支援していく方向性が強く主張されています。それに沿った後見事務遂行が行われていくよう後見人を支援することも監督人の職務といえます。そのため、後見監督人も成年被後見人と面会し、成年被後見人自身の意思・意向等を監督人自身が確認し、後見人の事務遂行の適切性も確認することが必要です。

　具体的に検討すると、監督人として後見人が行う重要な法律行為（民13Ⅰ各号）に同意をすることが監督人の職務ですが（民864）（【46】参照）、同意をするか否かを検討するに際し、成年被後見人の具体的生活状況、意思・意向等が尊重され、成年被後見人に対する意思決定支援が適切に行われているか等につき、面会により確認することが求められると考えられます。

　例えば、成年被後見人の居住用不動産の処分については、後見監督人の同意を要する事項です（民864・13Ⅰ三）。同処分が家庭裁判所の許可を要するとされたのは（民859の3）、居住環境が成年被後見人の精神状況に多大な影響を与えるためとされています（【26】参照）。

　後見監督人が同意をするかどうかを検討するに当たり、成年被後見人の意向を、後見監督人としても直接確認すべきです。

　一般的には、後見事務の監督として、後見人から報告を受けることが基本にはなりますが、成年被後見人との面会は、その状況をよく知る上で、欠かせないことです。その頻度は事案に応じ、また、後見人の属性、課題の有無や具体的内容等によるものではありますが、そうした事案の把握のためにも、成年被後見人との面会は、必須であるといえます。

第8　報酬の基本的な考え方

【48】　後見人を選任する必要があるが、本人には僅かな財産しかない。本人財産で不足があれば、申立人が後見人の報酬を支払う必要がある？

　私の息子は、小さいときから知的障害があり、ずっと私どもと同居して生活してきました。ところが、私ども夫婦も高齢となり、後見制度の利用を検討しています。息子は、働いたことはなく、財産はほとんどありません。後見人には報酬を払う必要があると聞いたのですが、息子自身の財産がなければ、申し立てた者が支払うのでしょうか。

POINT	・後見人の報酬とは ・報酬の負担者 ・本人に資力がない場合の負担者

誤認例	後見人から申立てがあると報酬が付与されるが、報酬については、本人が負担できなければ、申立人あるいは親族が支払わなければならない。

本当は	後見人等は「被後見人の財産の中から」、家庭裁判所の報酬付与審判に基づいて、報酬を受けることができると規定されている。よって、それ以外の者に、報酬を負担する義務はない。

解　説

　後見人の報酬について、民法は「家庭裁判所は、後見人及び被後見人の資力その他の事情によって、被後見人の財産の中から、相当な報酬を後見人に与えることができる。」と規定しています（民862）。保佐人（民876の5Ⅱ）、補助人（民876の10Ⅰ）、後見監督人（民852）、保佐監督人（民876の3Ⅱ）、補助監督人（民876の8Ⅱ）にもそれぞれ準用されています。

　後見人等には、当然に報酬請求権があるものではなく、家庭裁判所に報酬付与を申し立て、その審判に基づいて受領します。この審判には、即時抗告の規定はなく、不服申立ては認められません（家事85Ⅰ参照）。

　また、「被後見人の財産の中から」付与されるものであり（民862）、後見等開始審判の申立人にも、その他の親族にも、報酬を負担する義務はありません。本問の本人の両親のように、本人と同居し、長い年月にわたり扶養してきたという経緯があっても、それを理由に報酬の負担を求められることはありません。

　後見人には、親族が選任される場合（親族後見人）と専門職（弁護士、司法書士、社会福祉士等専門職後見人）あるいは市民が選任される場合（市民後見人）があります。報酬については、どの後見人であっても、付与申立てができますし、付与される扱いです。

　親族後見人の場合、報酬付与申立てをしない場合が多いのが実情ですが、親族であるからといって、報酬付与申立てができないということはなく、また、付与されるのが一般的です。

　報酬の基準については、後見人が管理する本人の財産額（特に預貯金及び株式等の流動資産）を基準とした基本報酬と、特別な後見事務を行った場合の付加報酬の二本立てのめやすが示されていました（例

えば、東京家庭裁判所が平成25年1月1日に公表した「成年後見人等の報酬額のめやす」)。しかし、管理財産額を基準とすると、後見事務の量との関係でバランスを欠く場合があること、また、財産管理事務に比重が置かれ、身上保護事務・生活上の課題が軽視されている等の批判がありました。

　そこで、財産管理事務のみでなく、身上保護事務の双方について、基本的事務（選任された後見人等全員が行うべき事務）と付加的事務（事案によって行うこととなる事務）を想定し、後見人等が実際に行った事務を基準とする方向に変更することが予定されています。この考え方に基づく、具体化が始まっています。

　ただ、身上保護事務に特別に困難な事情があり、付加的事務を多く行うこと、あるいは財産管理事務についても、負債が多く債務整理等が必要であることなどの場合もあります。このように、後見等事務の内容、量としては付加報酬の対象になるべき事務が相当程度ある場合に、実際に行った後見等事務を基準とした報酬額を算定すると本人財産では負担できない場合も想定されます。

　後見等事務の具体的内容を評価した報酬額が示されたとしても、実際には本人財産では負担できないということは、これまでもありましたし、今後も想定されます。

　適切な報酬額及びその負担（【49】参照）をどう考えるか、については今後の課題といわざるを得ません。

【49】　本人の財産が僅少である場合、後見人の報酬は付与されない？

　【48】のケースの場合、本人自身の財産は、僅かなのですが、そうすると後見人の報酬は付与されないということでしょうか。

| POINT | ・後見人の報酬
・成年後見制度利用支援事業 |

| 誤認例 | 成年後見人等の報酬は、本人の財産から支出するものであり、本人の財産から負担できないのであれば、付与されない。 |

| 本当は | 本人財産による負担ができない場合、成年後見制度利用支援事業など、報酬を助成・援助する制度がある。ただし、今後の更なる充実が望まれている。 |

解　説

　成年後見人等の報酬については、民法は「家庭裁判所は、後見人及び被後見人の資力その他の事情によって、被後見人の財産の中から、相当な報酬を後見人に与えることができる。」と規定しています（民862）。保佐人（民876の5Ⅱ）、補助人（民876の10Ⅰ）、後見監督人（民852）、保佐監督人（民876の3Ⅱ）、補助監督人（民876の8Ⅱ）にもそれぞれ準用されています。

　後見人等の報酬については、後見人等の判断で受領できるものではありません。家庭裁判所に申立てを行い、報酬付与の審判に基づき、付与された金額につき、受領できます。一般的には、一年に一度、後見人等から、家庭裁判所に対し、後見等事務の報告をなし、それと共に報酬付与審判申立てを行う場合が多いようです。

　本人財産が僅少で、後見人の報酬の負担が難しい場合があります。この場合の後見人等の報酬は、付与されるのか、また、付与されるとすれば、実際には誰が負担するのか、という問題があります。

　現在の後見人等の担い手について考えると、専門職後見人が7割以上となっています（平成31年の選任割合は、親族以外の専門職等が78.2%です（最高裁判所事務総局家庭局「成年後見関係事件の概況－平成31年1月～令和元年12月－」）。）。

　このように専門職後見人等が多くを占めるのは、後見人の不祥事が発生し、その多くが親族後見人であったため、家庭裁判所が、専門職後見人の選任を増やしてきた経緯があります。しかし、平成28年に成立した成年後見制度の利用の促進に関する法律の下で、翌29年3月に閣議決定された基本計画を受け、今後は、後見人として適切な親族がいる場合には、その支援を重視しつつ、親族後見人を選任するという方向性が示されています。今後、親族後見人が増えることが期待されています。

　他方、単身世帯の増加など社会状況が変化し、頼れる親族がいない、あるいは親族に頼りたくないという人が増加している、という社会の実態があります。こうした社会状況からすれば、今後も専門職後見人や市民後見人などの親族以外の後見人も、引き続き一定の割合を占めるものと予想されます。

　そもそも、成年後見制度について考えると、親族による支援のみに頼らず、社会全体で判断能力に困難を抱える人を支援しようとする制

度です。

　後見人等が、本人の支援者として、適切な後見等事務を遂行した場合、その事務の量及び内容に応じた適切な報酬が付与されることは、制度の健全な発展を支えるものです。

　後見人の報酬については、そうした現状と理念を踏まえ、公的助成制度の整備が望まれています。

　現状では、成年後見制度利用支援事業があります。成年後見制度の申立費用と後見人等の報酬を助成する制度です。具体的内容は、各地方自治体によりある程度の違いがありますが、本人財産が一定以下の場合に、家庭裁判所が審判により定めた報酬額を助成する場合が多いようです。一定額を助成するとしている自治体もあります。

　この制度は、全国的に広がってはいますが、後見等の申立てが首長により行われた場合に限って助成するとの要件を設けているところが多いことが、課題として指摘されています。

　また、前記の基本計画では、身上保護の重視がうたわれており、本人の意思決定を支援し、その人が暮らす地域で、その人らしい生活を実現していくことを目標としています。こうした後見人等の事務遂行は本人の財産の多寡にかかわらず、幅広く、活発に行われることが必要かつ期待されています。後見人等の報酬も、本人の財産を基準とするのではなく、後見事務の内容に応じること、身上保護に関する事務遂行も適切に評価する方向が目指されています。

　こうした方向からしても、後見人等の報酬の原資について、本人財産のみではなく、公的な援助を更に充実させていくことが望まれているといえます。

【50】　第三者の専門職が後見人に選任されている場合、被後見人の財産状況や後見人の報酬額は、親族にも報告しなくてはいけない？

　私は、Ａさんの後見人に選任された弁護士です。先月、最初の定期報告を行い、報酬付与審判も届きました。Ａさんの長女Ｂさんから、「今、母の財産状況はどうなっているのか。後見人の報酬はいくらなのか」と何度も尋ねられています。Ｂさんは、後見開始審判の申立人ですが、他に長男と次女もいます。私の報酬額やＡさんの現在の預貯金の状況は、子であるＢさんたちに報告しないといけないのでしょうか。

POINT	・後見人の善管注意義務 ・財産に関する情報 ・報酬額の開示

誤認例	本人の財産状況や、後見人の報酬額は、本人の個人情報であり、本人の許可が得られない限り、親族であっても、知らせることはできない。

本当は	本人の財産状況や後見人の報酬額につき、誰に、どの程度知らせるかについては、後見人の裁量に委ねられる事項であり、当該事案に応じて、本人の従前の考えやプライバシーに十分に配慮して、後見人として決定すべきである。一定の範囲で、情報を開示することが許される場合もある。

解　説

　専門職の後見人に対し、親族から、その報酬額や、本人の預貯金額などの財産状況について、尋ねられることは、しばしばあることです。

　親族の立場から考えると、本人の今後の生活を考え、財産が不足することはないかといった心配があり、家庭裁判所が決定した後見人の報酬額を含む財産状況、さらには、専門職後見人が、不適切な管理をしていないか、などについて、情報を得たいと考えることは、自然なことである場合が多いと考えられます。

　後見人としては、本人の財産について包括的な代理権を持ち（民859Ⅰ）、財産全体を把握して、本人のために管理・活用していくことを内容とする財産管理を主要な職務の一つにしています。

　後見人は、後見事務を適切に行うに当たって、理由なく本人情報を開示すべきではなく、本人のプライバシー及び個人情報を保護すべき義務を負っています。必要性もないのに、財産情報をはじめとして、判断能力の程度や症状、身分関係情報などの本人のプライバシー及び個人情報を他者に開示した場合には、後見人としての善管注意義務に違反することも考えられます。そのため、原則としては、本人の財産情報について、親族に対しても、開示すべきではないと考えられます。

　本人の預貯金も含め資産の具体的内容（金融機関名や預貯金の金額、株取引や投資信託等の有無、残高、不動産所有の有無、所在等）や、後見人の報酬の金額は、当然ながら、本人の個人情報であり、子であっても、あるいは配偶者であっても、当然に開示すべき、とまではいえないと考えられます。

　ただ、開示することが適切であると判断される場合もあると思われます。当該事案に即して、親族が請求した理由、他の親族の意向、情報自体の性質、開示した場合の影響などを検討した上で、最終的に開

示が適切であるか否かの判断は、後見人の裁量に委ねられていると考えられます。

　後見人としては、まずは、後見人の職務と立場（本人のために財産管理等を行う本人の法定代理人であること）を説明し、さらに、本人の財産に関する情報が、本人の個人情報であり、プライバシーに該当するものであること、成年後見人として本人の希望に沿った、本人のための財産管理、活用が最重要であることにつき、親族の理解を求めておくことは必要です。

　その上で、当然のことながら、本人の支援者は、後見人だけではありません。本人の生活や財産の管理や活用の方法を検討していくに当たって、身近な親族や、福祉関係者も加わって、本人の意思・意向を確認しながら、後見事務を遂行していくことが望まれます。

　そのような本人支援の体制を構築するに当たって、親族とも信頼関係を作り、本人のために協力していくことは大変重要です。そうした本人支援のために必要な範囲で、本人の情報を開示することは積極的意義を有する場合があります。

　ただし、後見人の立場は、本人を中心にして、親族全て、特に推定相続人（本人が亡くなった場合に相続人となることが予想される人）全員と、等間隔の関係を維持することが重要です。特別の事情がない限り、親族の一部とのみ情報を共有するなどの特別扱いは、後見事務の公平性や適正に疑義を生じさせることとなり、適切ではありません。

　そのため、報酬額や本人の財産額等につき開示するとすれば、特別の事情がない限り、全ての推定相続人に対して、平等に同じ内容を開示すべきです。

第9　終　了

【51】　本人やその親族との対応に困難があっても、それだけでは、後見人等の辞任の「正当な事由」に該当しない?

　私は、Aさんの保佐人ですが、Aさんは、長女であるBさんと同居していて、Bさんが保佐人になることを希望していたため、専門職である私が選任されたことに納得していません。Bさんも Aさんと同じ意見で、信頼関係をなかなか築けません。このままでは、保佐事務を遂行することも困難ですので、辞任したいと考えますが、認められるでしょうか。

POINT	・後見人等の辞任
	・正当事由
	・本人や親族と信頼関係が築けない場合

誤認例	後見人等の辞任には、正当事由が必要であり、信頼関係が築けないというだけでは、辞任は許可されない。

本当は	本人の意向、親族等の状況や意向など当該事案の内容により、本人や親族等と信頼関係を構築できないなど、対応に困難があるという場合にも、正当事由に該当すると認められることがある。

解　説

　成年後見人等は、家庭裁判所が事案に応じた適任者であるとして、選任した者であり、その人選については不服申立てが認められていません。

　そして、選任後は、後見人等は、「正当な事由があるときは、家庭裁判所の許可を得て」辞任できると規定されています（民844）。保佐人、補助人に、それぞれ準用されています（民876の2Ⅱ・876の7Ⅱ）。後見人等が選任後に「自由に辞任できるとなると、被後見人を害する恐れがある」ため、正当事由が要求されています（片岡武ほか『家庭裁判所における成年後見・財産管理の実務〔第2版〕　成年後見人・不在者財産管理人・遺産管理人・相続財産管理人・遺言執行者』105頁（日本加除出版、2014））。

　辞任についての「正当な事由」の具体例としては、「ア　後見人が仕事の都合により遠隔地に転居した場合　イ　高齢や病気などにより後見事務を行うことが困難となった場合　ウ　解決すべき後見事務上の課題があったため、後見人が複数選任されていたが、後見事務上の課題が解決されたため、一人で遂行することに問題がない場合」が挙げられています（片岡ほか・前掲105頁）。

　それでは、本問のように、本人や親族等と信頼関係が築けず、その対応に困難があるという場合はどうでしょうか。

　前提として、本人やその親族との信頼関係の構築は適切な後見事務の遂行のために、重要な要素の一つです。そこに困難がある場合、その原因は、様々です。後見人等の事務遂行の在り方が、解任事由があるとまではいえないけれども、適切ではない場合もあります。また、人間関係である以上、後見人と本人、あるいはその親族との相性が影響している場合もあります。また、そもそも本人あるいは親族が、後見制度の利用に納得できず、後見人等が選任されたことそのものに否

定的感情を持っている場合など、様々な事情があります。

　一般的に言えば、後見人等の辞任を、安易に認めるべきではありませんが、現状として、本人やその親族と適切な信頼関係を構築できていない場合、そのまま後見等事務を継続することが本人にとって最善の道とはいい難く、後見人等が交代することにより、状況を打開できると考えられる場合があります。

　こうした場合、「本人の意向や後見人等と本人ないしその親族の関係、本人についての後見等の事務遂行上の課題の有無やその内容、後任の後見人等候補者の適格性などを総合的に考慮して判断」した上で、事案によっては、辞任の正当事由が認められる場合もあると考えられています（大阪家庭裁判所家事第4部後見係（大阪後見センター）「大阪家裁後見センターだより（第15回）」月刊大阪弁護士会10号54頁（2019））。現行の成年後見制度導入時にその趣旨を解説した書籍でも、正当事由が認められる場合として、「本人またはその親族との間に不和が生じた場合」が挙げられています（小林昭彦ほか編『新成年後見制度の解説〔改訂版〕』159頁（きんざい、2017））。本人や親族との対応の困難性も「正当事由」となることがあり得ると考えられています。

　辞任が認められる場合、複数後見人が選任されている場合等を除いて、後見等事務の空白が生じることは避けることが望ましいため、多くは、後任の後見人の選任申立てが必要となります。民法上も、「後見人がその任務を辞したことによって新たに後見人を選任する必要が生じたときは、その後見人は、遅滞なく新たな後見人の選任を家庭裁判所に請求しなければならない」と規定されています（民845）。保佐人、補助人、監督人等も同様です（民851二・876の2Ⅱ・876の3Ⅱ・876の7Ⅱ・876の8Ⅱ）。

　ですので、後見人等としては、辞任申立てと同時に新たな後見人等の選任申立てをなすことが必要です。辞任許可と新たな後見人等の選任の双方の審判を得て、後見人等の交代が実現します。

【52】　一つのケースで保佐人を解任されても、他のケースには影響しない？

　私はＡさんの保佐人に選任されていますが、Ａさんの兄が、私の解任の申立てをしました。もしも、解任が認められた場合、私が他の人の成年後見人や保佐人に選任されているケースに影響はあるのでしょうか。

POINT	・解任の申立て ・解任事由 ・解任の効果

誤認例	解任が認められると、当該事案で保佐人の地位を失うが、他の事案への影響は、特にない。

本当は	解任は、後見人等の欠格事由となっており、解任審判が確定すれば、他の成年後見人等に選任されている全ての事案で、その地位を失う。

解　説

　成年後見人等は、その職務に適すると判断されて選任された者ではありますが、選任後に後見等の任務に適しないと判断される場合があります。後見人等に「不正な行為、著しい不行跡その他後見の任務に適しない事由があるとき」には、家庭裁判所が「解任することができ

る」と規定されています（民846）。

　不正な行為とは、「違法な行為又は社会的にみて非難されるべき行為」、「例えば、後見人が本人の財産を横領する行為等」です。著しい不行跡とは、「品行がはなはだしく悪いこと」をいい、「その他後見の任務に適しない事由」とは、後見人の権限を濫用したり、不適当な方法で財産を管理したり、任務を怠った場合です（東京家裁後見問題研究会編『後見の実務（別冊判例タイムズ36号）』95頁（判例タイムズ社、2013））。

　「解任事由がある場合でも、これに加えて行為の悪質性・結果の重大性及び本人と後見人との関係等をも考慮して、解任するか否かを判断」するとされています（東京家裁後見問題研究会・前掲96頁）。

　解任の申立権者は、後見等監督人、被後見人等とその親族、検察官であり、また、家庭裁判所が職権によって解任することもできます（民846・852・876の2Ⅱ・876の3Ⅱ・876の7Ⅱ・876の8Ⅱ）。解任事由の情報は、家庭裁判所に集まるのが通常ですので、職権による解任が多くあります。

　後見人等に不正行為の兆候がある場合には、解任審判の確定まで待っていると被害が拡大してしまうことも考えられます。そうしたおそれがある場合には、家庭裁判所は、本人の利益を守るため、後見人等の職務執行を停止し、また、後見人等の職務の代行者を選任することもできます（家事127Ⅰ）。解任の審判前の保全処分です。

　このように解任が申し立てられ、あるいは職権により、家庭裁判所が解任審判をなし、それが確定すると後見人等は、当該事案につき、後見人等の地位を失います。

　同時に、民事上の責任として、不正行為等により、本人に損害が生じていれば、損害賠償責任を負います。

　刑事責任としても、横領罪等に該当する行為として、刑事責任を問われます。一般には、横領罪等の財産犯については、加害者と被害者

の間に親族関係がある場合には、刑の免除あるいは親告罪とする規定があります（刑244）。横領罪（刑252・253）等についても準用されています（刑255）。親族相盗といわれます。しかし、この規定について、加害者が後見人等の場合には適用されず、量刑に当たっても親族関係を酌むべき事情として考慮することも相当ではないとされています（最決平24・10・9判時2182・158）。後見人等は裁判所により選任された公的な性格を有する者であることから、親族関係があるからといって、責任を軽減することはできないとするものです。

　さらに、解任審判が確定すると、後見人等の欠格事由である「家庭裁判所で免ぜられた法定代理人、保佐人又は補助人」（民847二）に該当します。「欠格の効果は、法律上当然に発生し」、今後後見人等に選任されることはできず、また、「後見人になった後に欠格事由が生じた場合、当然にその地位を失」います（於保不二雄＝中川淳編『新版注釈民法(25)親族(5)　親権・後見・保佐及び補助・扶養－818条～881条〔改訂版〕』336頁〔犬伏由子〕（有斐閣、2004））。

　以上から、本問で、Aさんの保佐人を解任された場合、今後、後見人等に選任される資格はなくなり、また、他のケースで、後見人等に選任されていても、全てのケースで後見人等の地位を、当然に、失います。

　家庭裁判所としては、解任審判を出すに当たっては、他に選任されている事案の有無も調査し、当該事案のみでなく、他の事案についても、後任の後見人等を選任します。

　本問でも、Aさんの保佐人以外に、後見人等、後見監督人等に選任されていた場合、全ての事案で、その地位を失うこととなります。

【53】　本人の推定相続人調査は、後見人であれば、どのような場合でも行うことができる？

　私はＡさんの後見人ですが、Ａさんが脳梗塞で倒れ、入院しました。意識がなく、高齢でもあるので、いつ何時、症状が急変するかもしれません。Ａさんは、現在、親族との交流がなく、親族の状況は不明です。戸籍の調査を行いたいと思いますが、できるでしょうか。

POINT	・成年後見人の職務
	・戸籍制度
	・戸籍謄本等の請求

誤認例	成年後見人は、法定代理人として包括的代理権があるので、本人の親族についても戸籍謄本等を請求し、親族調査を行うことができる。

本当は	本人の法定代理人として戸籍謄本等の請求をする際、配偶者、直系尊属及び直系卑属以外の請求には正当な理由が必要である。

解　　説

　本人と親族関係のない第三者が成年後見人等に選任されている場合、本人の親族関係が不明である場合があります。成年後見人等の後

見等事務の遂行に当たっては、本人の意思・意向を尊重し、その人らしい暮らしを大事にしていくことが重視されています。親族を調査し、連絡を取ることができれば、本人の後見等開始審判前の生活状況や人となりについて情報、本人の課題、対応方法等についての助言や協力を得ることができる場合があります。

　親族については、戸籍による調査が有用です。「戸籍は、人の出生から死亡に至るまでの親族関係を登録公証するもので、日本国民について編製され、日本国籍をも公証する唯一の制度です。戸籍事務は、市区町村において処理されますが、戸籍事務が、全国統一的に適正かつ円滑に処理されるよう国（法務局長・地方法務局長）が助言・勧告・指示等を行っています」（法務省ウェブサイト）。

　成年被後見人の戸籍から、相続人となる人（推定相続人といいます。）やそれ以外の親族を辿って調査することができます。

　ただし、戸籍法によれば、戸籍謄抄本又は記録事項証明（以下「戸籍謄本等」といいます。）等を請求できるのは、戸籍に記載されている本人とその配偶者（夫又は妻）、直系尊属（父母又は祖父母等）、直系卑属（子、孫等）とされています（戸籍10Ⅰ）。

　それ以外の人、例えば本人の兄弟姉妹やその子（甥姪）の戸籍謄本等を請求することができるのは、

① 　自己の権利を行使し、又は自己の義務を履行するために必要がある場合

② 　国又は地方公共団体の機関に提出する必要がある場合

③ 　それ以外の正当な理由がある場合

と定められています（戸籍10の2Ⅰ）。

　具体的に考えると、例えば、成年被後見人の兄弟姉妹が亡くなって、成年被後見人が相続人となっている場合、亡くなった人を含めて兄弟姉妹や甥姪の戸籍謄本等を取得して、相続人を調査する場合は①に該当し、戸籍謄本等を請求できます。また、相続した遺産について相続

税申告書の添付資料として、税務署に戸籍謄本等を提出する場合は②に該当します。また、本問の場合も、Ａさんの治療方針（手術が必要な場合、延命治療を行うか否か等）について、Ａさん自身の意向・希望が確認できないことから、Ａさんの従前の生活状況や意向を調査するために、Ａさんの兄弟姉妹の戸籍謄本等を請求する場合には、③の正当な理由があると考えられています。

　他方、Ａさんが亡くなった場合の引継ぎに備え、あらかじめ推定相続人を調査することは、正当な理由に該当しないとされています。

　今後、Ａさんが亡くなった場合には、後見人であった者として、閉鎖された後見の登記事項証明書で権限を証明して、戸籍謄本等を請求することができます。保佐・補助の場合も「後見の計算」（民870）を相続人等の権利者に報告する義務がありますので（民876の5Ⅲ・876の10Ⅱ）、閉鎖された保佐・補助の登記事項証明書で、戸籍請求ができます。

　なお、弁護士、司法書士等は、専門職として受任している事件について、必要があれば戸籍謄本等を請求できるとされています（戸籍10の2Ⅲ・Ⅳ）（職務上請求）。しかし、これは、専門職として受任している事件についての職務上請求です。後見人等としての戸籍謄本等の請求は本人の法定代理人としての請求であり、専門職としての受任事件の請求とは異なります。前記のとおり戸籍法10条の2第1項に定められた①ないし③の要件に該当した場合に請求できます。また、職務上の統一請求書の書式についても、どの書式を使用するかにつき注意が必要です。

　保佐や補助の場合には、保佐人・補助人に付与されている代理権や同意権の範囲内で、要件に該当すれば、正当事由があり、戸籍謄本等の請求ができることとなります。

　戸籍による調査だけではなく、住所録や本人宛ての郵便物も重要な情報源です。親族や知人などから、手紙、年賀状などが来ている場合は、そこから、交流のある親族や知人も判明しますので、それらの人に連絡を取ってみることも有用です。

【54】 後見開始の審判が確定したら、被後見人が死亡するまで終了しない？

　夫が脳出血で倒れ、なかなか意識が回復せず、後見開始の審判を申し立て、私が後見人になりました。最近、治療の成果で、少しずつ回復してきています。それでも、後見は、夫が亡くなるまで続くのでしょうか。

POINT	・後見の終了とその原因
	・取消しの手続

誤認例	後見が開始すると、本人が亡くなるまで続いていくものである。

本当は	後見が開始した後に、本人の精神の状態の変化に応じて、取消しの審判が認められる場合もある。

解　説

　後見等開始の審判が確定した後に、後見等が終了する原因としては、本人が亡くなった場合だけでなく、後見等開始審判の取消しがあります。現状では、実態として、本人が亡くなって終了する場合が多いため、「後見は本人が亡くなるまで続く」と言われることがありますが、本人の精神状態の変化により、後見等開始審判の取消しが認められる場合もあります。

　後見等開始の原因であった精神状況が消滅した場合には、後見等開始審判の取消しの申立てができます（成年後見について民10、保佐について民14、補助について民18）。

　成年後見についていえば、「精神上の障害により事理を弁識する能力を欠く常況」（民7）であるとして、後見開始の審判がなされますが、その「原因が消滅した場合には」「後見開始の審判を取り消さなければならない。」（民10）と規定されています。「本人の判断能力が後見制度による保護を要しない状態（保佐または補助の制度の対象に該当する状態または補助制度による保護も要しない状態）に回復した場合を指す趣旨です」（小林昭彦ほか編『新成年後見制度の解説〔改訂版〕』107頁（きんざい、2017））。この場合、後見開始審判の取消審判の申立てをすることとなります。

　申立権は、「本人、配偶者、四親等内の親族及び後見人、後見監督人又は検察官」と規定されています（民10）。後見人自らも、取消審判を申し立てることができることには留意すべきです。

　取消審判の審理手続においては、「原則として被後見人の精神の状況について医師の意見を聴かなければならない」（家事119Ⅱ）（保佐開始審判の取消しについて準用（家事133））とされ、「実務においては、後見開始審判の取消の申立ての添付資料として医師の診断書の提出を求める扱いが一般的」です（片岡武ほか『家庭裁判所における成年後見・財産管理の実務〔第2版〕　成年後見人・不在者財産管理人・遺産管理人・相続財産管理人・遺言執行者』112頁（日本加除出版、2014））。

　また、本人が、後見相当（判断能力を欠く常況）ではなくなったが、判断能力が著しく不十分（保佐相当）、あるいは判断能力が不十分（補助相当）に該当する場合について、それぞれ保佐開始、あるいは補助開始の審判の申立てをすることができます。保佐開始及び補助開始の審判の申立人には後見人も規定されています（民11・15）。

　後見人が申立てをなし、保佐開始審判、あるいは補助開始審判がなされた場合にも、後見開始審判は取り消されます（民19Ⅱ）。取消審判は、将来に向かってのみ効力を生じます。

　民法19条は、後見、保佐、補助の各審判が開始した後に、他の類型に該当する状況となり、他の類型の開始審判が出た場合には、それぞれ元の開始審判を取り消すことを規定しています。このように、現行の成年後見制度は、本人の判断能力の困難性の程度に応じて、後見、保佐、補助の3類型があり、それぞれの類型で開始審判がなされた後に、本人の精神状況が他の類型に該当する状況となり、他類型の開始審判がなされた場合には、元の類型の開始審判は取り消されることとなっています。ここから、後見人としては、例えば本人が補助類型に該当すると判断した場合には、補助開始の審判を申し立てることもでき、補助開始の審判がなされれば、職権で後見開始の審判は取り消されることとなります。

　また、後見開始審判の取消審判が申し立てられ、鑑定あるいは診断書により、保佐あるいは補助相当であるとされた場合、事案に応じて、保佐あるいは補助制度の必要性について、後見人としても十分に検討することが必要です。保佐・補助開始審判は、職権によってはなされず、申立権者による申立てが必要です。本人の精神状況や生活状況から、支援者として保佐人あるいは補助人が必要であれば、保佐開始あるいは補助開始の審判申立てをなすべきです。ただし、補助については、審判につき、本人が申し立てるか又は本人の同意が必要（民15Ⅱ）であり、保佐については、代理権付与について同様です（民876の4Ⅱ）。本人の意思・希望を確認・尊重することが求められています。

第10　死後事務

【55】　本人が亡くなった後の報告は、家庭裁判所になすべきものである？

　私はAさんの成年後見人に選任されていましたが、先日、Aさんが亡くなりました。後見人としては、後見の計算を行って、最後の報告を家庭裁判所にする必要があるのでしょうか。

POINT	・後見の終了事由 ・後見の計算 ・報告の相手方

誤認例	本人死亡により、後見は終了し、最後の報告を家庭裁判所にする必要がある。

本当は	本人死亡により、後見は終了するが、後見の計算の報告は、家庭裁判所に対してではなく、相続人に対してなすべき義務である。

解　説

　後見の終了については、後見そのものが終了する絶対的終了と、後見そのものは終了しないが、後見人が交代し、後見人の任務が終了する相対的終了の二つがあります（片岡武ほか『家庭裁判所における成年後見・

財産管理の実務〔第2版〕　成年後見人・不在者財産管理人・遺産管理人・相続財産管理人・遺言執行者』117頁（日本加除出版、2014））。

絶対的終了事由には、①被後見人が死亡し、又は失踪宣告を受けたとき、②後見を開始した原因が消滅し、被後見人が能力を回復し、後見が必要なくなったため、後見開始が取り消されたときがあります（【54】参照）。

被後見人の死亡については、「後見も事務の委任の一形態であるところから」、後見事務については委任の規定が準用されています（民869・644）（片岡ほか・前掲18頁）。委任については、委任者の死亡が終了事由となっている（民653一）ことから、被後見人死亡により後見は、当然終了すると考えられています。

相対的終了事由には、①後見人が死亡し、又は失踪宣告を受けたとき、②後見人が辞任（民844）又は解任され（民846）、又は欠格事由（民847）に該当したとき、③法人後見人が解散したときがあります（片岡ほか・前掲117頁）。

後見人は、その任務が終了した場合には、「2箇月以内にその管理の計算（以下「後見の計算」という。）をしなければならない。ただし、この期間は、家庭裁判所において伸長することができる」と定められています（民870）。後見人としての「任務が終了した場合」との規定ですから、絶対的終了の場合も、相対的終了の場合も、どちらの場合でも必要となります。

後見の計算の内容は、「後見事務の執行に関して生じた被後見人等の財産の変動および現状を明らかにすることを目的とし」「後見期間中の収支決算を明らかにし、後見終了時における後見財産を確定し、その結果を権利者に報告することを」いいます。ここから、後見の計算については、「報告を受ける権利者」は「被相続人が死亡した場合はその相続人または受遺者、それ以外の場合は被後見人等または後任の後見人等の法定代理人」となります（新井誠ほか編『成年後見制度　法の理

論と実務〔第2版〕』151・152頁（有斐閣、2014））。

　本問では本人が亡くなったとのことですので、絶対的終了の場合であり、相続人、又は遺言があれば受遺者に対し、後見の計算の報告を行い、管理財産を引き継ぐことが必要であり、その引継ぎまでが、後見人として後見事務を遂行してきた者の最後の職務となります。

　また、家庭裁判所に対する報告については、まず、被後見人が死亡し、後見が終了したことについて、報告が必要です。「死亡診断書の写し又は死亡記載のある戸籍謄本（全部事項証明書）を添付」して報告します（片岡ほか・前掲118頁）。

　後見の計算は、前記のとおり相続人等に対し行う義務ですが、「相続人に対して行った管理計算報告や管理財産の引継ぎ」については、家庭裁判所の指示があれば、家庭裁判所に対しても報告することとなります（片岡ほか・前掲118頁）。後見人が第三者である場合には、家庭裁判所に対し最後の報酬付与審判申立てを行う場合が多いと思われますが、その場合には報酬付与に関する事情として後見事務の報告が必要です。家庭裁判所に対し、財産状況も含めて、遂行した事務の報告を行うこととなります。

　報酬付与申立てをしないのであれば、家庭裁判所としては、本人死亡により後見が終了した後は特に報告を求めない、あるいは権利者への引継ぎについてのみ報告を求めるとする扱いも多いようです（東京三弁護士会合同研修会「成年後見実務の運用と諸問題」ＬＩＢＲＡ2019年6月号9・10頁参照）。

　なお、成年被後見人等が死亡した場合は、終了の登記の申請をすることが必要です（後見登記8Ｉ）。この場合は、家庭裁判所の嘱託ではないので、注意が必要です。終了の登記申請がなされると、後見等の登記は閉鎖されます。この閉鎖登記を取得することもでき、これにより、後見人であったことを証明して、被後見人等の相続人調査のため戸籍謄本等を請求することができます（【53】参照）。

【56】　被後見人の死後、入院費は支払わなければならない？

　成年被後見人が体調を崩して入院し、そのまま亡くなりました。入院先の病院から、入院費の請求書が来ていますが、支払うべきでしょうか。

POINT	・本人死亡と後見人の権限 ・債務の支払

誤認例	後見人として、入院契約を締結したのであり、本人が亡くなっても支払うべき義務がある。

本当は	本人が亡くなったことにより後見が終了しており、支払う義務があるとまではいえないが、平成28年の民法改正により、一定の権限があることが明確化された。

解　　説

　成年被後見人が死亡した場合、成年後見は当然に終了します（【55】参照）。その場合、成年後見人の法定代理権等の権限も原則として消滅します。

　しかし、本問のような場合、病院との入院契約を締結して入院費用の支払を行っていたのに、本人が亡くなった途端に、支払を拒否することは、社会通念上できないのが通常です。

　これらは死後事務と言われ、後見事務における隘路の一つでした。成年後見人としては、応急処分（民874・654）として、あるいは相続人の同意の下に対応するなどの工夫をしてきたのが実情です。

　そこで、平成28年、「成年後見の事務の円滑化を図るための民法及び家事事件手続法の一部を改正する法律」により、民法873条の2が新設され、同年10月13日から施行されています。

　同条により、一定の範囲の死後事務について、成年後見人の権限に含まれることが明らかにされました。すなわち、①個々の相続財産の保存に必要な行為（民873の2一）（例えば、建物の雨漏りの修繕）、②弁済期の到来している債務の弁済（民873の2二）、③火葬又は埋葬に関する契約その他相続財産の保存に必要な行為（民873の2三）について、成年後見人であった者に権限を認め、うち③に該当する行為については、家庭裁判所の許可を得て行うことができるとしました。

　②の債務の弁済については、類型としては、相続財産全体の保存に必要な行為に該当しますが、「債務を消滅させて遅延損害金の発生を防止するものであって、類型的に相続人の財産権を害するおそれは少ないと考えられる」（大塚竜郎「『成年後見の事務の円滑化を図るための民法及び家事事件手続法の一部を改正する法律』の逐条解説」家庭の法と裁判7号81頁（2016））ことから、家庭裁判所の許可を得ずに行うことができるとされました（民873の2二）。ただし、債務の弁済に当たって、遺産である預貯金の払戻しが必要であれば、払戻しが③に該当し、家庭裁判所の許可が必要となるので、留意が必要です。

　「死体の火葬又は埋葬に関する契約の締結」については、「必ずしも保存行為とは言い切れない面もあることから」民法873条の2第「3号において明示的に規定」されたものです（大塚・前掲80・81頁）（【57】参照）。

　この規定は成年後見人のみを対象としており、保佐人・補助人は含まれません。保佐人・補助人は、特定の法律行為について、同意権又

は代理権を付与されているにすぎないため、死後事務の権限を付与すると、本人の生前よりも「強い権限を持つことにもなりかね」ない（大塚・前掲81頁）ことから、成年後見人に限定されたものです。また、従前同様、応急処分あるいは事務管理等に基づいて、死後事務を行うことも否定されるものではありません。

　民法873条の2に基づいて、成年後見人が死後事務を行うためには、⑦必要があるとき、⑦相続人が相続財産を管理することができる時まで、⑦相続人の意思に反することが明らかなときに該当しないこと、という要件が定められています。

　⑦の必要性については、親族がすぐには対応できない場合等が考えられます。⑦については、原則としては、成年後見人は、2か月以内に相続人等に引き継ぐ義務を負っていますので（民870）、それ以降に死後事務を行うことは「基本的には想定されていない」ものです（東京家庭裁判所後見センター・円滑化法運用検討プロジェクトチーム「『成年後見の事務の円滑化を図るための民法及び家事事件手続法の一部を改正する法律』の運用について」家庭の法と裁判7号92頁（2016））。⑦については、本人死後は、遺産は相続人の共有ですので、権利者たる相続人の明らかな意思に反しては行うべきではないとされたものです。「相続人が複数いる場合」「そのうち一人でも反対の意思を表示しているときは」死後事務を行うことはできません。他方、相続人がいない場合や存否不明の場合、相続人がいるものの所在不明、連絡が取れない場合には、「いずれも『相続人の意思に反することが明らかなとき』に該当しない」と考えられています（大塚・前掲81頁）。「なお、裁判所が相続人の陳述を聴取することは必要的とされておらず（家事法120条参照）、実際上も特段の事情がない限り、陳述聴取を行うことは想定」されていません（東京家庭裁判所後見センター・前掲93頁）。

【57】　葬儀費用については支出が認められる？

　成年被後見人が亡くなりましたが、葬儀について親族は後見人に任せると言っています。いわゆる直葬を予定していますが、出棺の際にお経を上げてもらい、少額ですがお布施も必要です。これらの費用全てにつき、遺産である預金から払戻しの許可を得ることはできるのでしょうか。また、後見人の最後の報酬についてはどうなるのでしょうか。

POINT	・死後事務の規定
	・葬儀費用
	・直葬の場合
	・後見人報酬のための預貯金払戻し

誤認例	死後事務として認められるのは火葬及び納骨についての契約締結とその費用の支払であり、葬儀に該当する契約は対象外となり、費用の支払も認められない。後見人の報酬についても許可の対象ではない。

本当は	葬儀費用の支払のための預貯金払戻しは許可の対象とならないが、火葬を含む契約であれば、許可の対象となり得る。後見人の報酬も許可の対象となる場合がある。

解　　説

　【56】のとおり、民法873条の2により、いわゆる死後事務の一部につ

いて、成年後見人の権限が認められ、同条3号により、「死体の火葬又
は埋葬に関する契約」及びその費用を支払うための預貯金の払戻しは、
家庭裁判所の許可を得て、行うことができると明定されました。

　死後事務の家庭裁判所に対する許可申立事件のうち、大多数は死体
の火葬、納骨に関する契約の許可申立てと債務弁済のための預貯金の
払戻しの許可申立てであるとのことです（日景聡「『成年後見の事務の円滑
化を図るための民法および家事事件手続法の一部を改正する法律』の施行から1
年を経て」実践成年後見71号67頁（2017））。

　死体の「埋葬」とは、「土葬」と定義され（墓地2Ⅰ）、納骨のことでは
ありません。しかし、納骨に関する契約は、「『火葬又は埋葬に関する
契約』に準ずるものとして、家庭裁判所がその必要性等を考慮した上
で、その諾否を判断することができる」と解されています（大塚竜郎「『成
年後見の事務の円滑化を図るための民法及び家事事件手続法の一部を改正する法
律』の逐条解説」家庭の法と裁判7号83頁（2016））。なお、成年後見人は火葬
や納骨に関する契約を締結できるとされたものであり、それをなすべ
き義務が課されたものではありません。まして、遺体の引取り義務も
ありません。火葬等を行う者がいないときは、「死亡地の市町村長が、
これを行わなければならない」のであり（墓地9）、市町村長は、「遺体の
引取りや火葬等を拒むことはできない」と考えられています（大塚・前
掲83頁）。

　葬儀の契約については「死体の火葬又は埋葬に関する契約」には含
まれないと考えられています。その理由は、火葬や納骨とは異なり、
「公衆衛生上不可欠というわけではなく、法律上の義務として課され
ているわけでもない。また、葬儀は、宗派、規模等によって様々な形
態が考えられ」「その施行方法や費用負担等をめぐって、事後に相続人
との間でトラブルが生ずるおそれがある」ことが考慮されたためです
（大塚・前掲83頁）。

　しかし、一般的に、多死社会である現代において、通夜や告別式等の宗教儀式を行わないか、行うとしても簡略化し、ほぼ火葬のみを行う「直葬」や「火葬式」といった葬儀形態が多くなっています。成年後見人による葬儀の実施が期待されるケースでは、そのような葬儀形態が多いのが実情です。「直葬」や「火葬式」とは、厳密に言えば、葬儀としての側面もあるものですが、「火葬に関する役務の提供等を含む契約である限り、一個の『火葬に関する契約』と解」することができるとして、許可の可否が検討されています（日影・前掲67頁）。実際のところ、親族が葬儀をすぐに行えないか、成年後見人に葬儀の実施を依頼している場合で、費用が多額でなければ、許可される場合が多いといえます。

　後見人の報酬受領のための預貯金払戻しの許可申立てについては、従前から相続人との意思疎通が円滑ではない、あるいは、相続人が遠隔地に居住し高齢であるなどの事情で、相続人からの円滑な支払が期待できない事案については、「報酬払戻しがされないままに相続人に預貯金が引き継がれると」「法的紛争が生じ、遅延損害金の発生等によって」「財産が目減りすることとなるのみならず、相続人には法的紛争に伴う費用の負担も生じることになる。」そのため、「『相続財産の保存に必要な行為』とみることができる」との見解があります（日影・前掲69・70頁）。実際に払戻しが許可された例も相当数あるとのことです。

　従前、死後事務に備えて、管理していた預貯金口座から相当額を現金化して手元に置き、そこから葬儀費用や最終の後見人報酬の支払を受けるというやり方も行われていました。こうしたやり方につき、「不相当と言えない場合もある」とされてはいます（日影・前掲70頁）。しかし、現金による管理は盗難のおそれや事後的検証の困難さがあり、なるべく避けるべきです。事案による判断となりますが、許可を得られる事項であれば許可を得ることが最適であると考えます。

【58】　後見人は、葬儀・供養・墓じまいなどの火葬・埋葬を超える事務を内容とする死後事務委任契約は締結できない？

　私はＡさんの成年後見人に選任されましたが、Ａさんは、先祖代々のお墓を承継していて、お墓の今後のことを案じています。Ａさんには推定相続人がいないため、墓じまいや永代供養などにつき、菩提寺と話合いもしていたようです。成年後見人として、そうした契約を締結してもよいのでしょうか。

POINT	・成年後見人の権限 ・法要など死後事務

誤認例	成年後見人は、本人の生前の生活についての法定後見人であり、死後の事務については権限がない。そのため、死後事務の契約の締結はできない。

本当は	葬儀や供養、墓じまい等について生前に契約する人も増えており、本人がそれを望んでいる場合には、成年後見人として、死後事務に関する契約締結をすることが許される場合もある。

解　説

　成年後見人は本人の生活上の支援者であり、利用者たる本人の「存

命は制度継続の暗黙の前提であり、利用者が死亡すれば後見は当然に終了すると考えられています」(上山泰『専門職後見人と身上監護〔第3版〕』196頁(民事法研究会、2015))(【55】参照)。本人の生活を支えるための身上保護事務や財産管理事務については、成年後見人は広範な代理権を付与され(民859)、また、一定の死後事務については、成年後見人に権限があることが明らかにされ、火葬や納骨については、家庭裁判所の許可を得て契約の締結ができることとなっています(民873の2三)(【57】参照)。

　しかし、葬儀契約、供養を目的とする年忌法要、墓じまいなど、火葬・埋葬や納骨を超える死後の事務については、本人の死亡後に成年後見人が施行する権限はないと考えられています。

　昨今、自身の葬儀等について、生前に契約する人も増えてきています。本問のように推定相続人がいない場合には、なおさら、不安を感じる人も多く、生前契約は関心が高いといえます。

　Aさんもお墓のことを案じているとのことですので、成年後見人が本人を代理して、葬儀や墓じまいなどの生前契約を締結できるかが問題となります。「成年後見においても、生前に自らの葬儀や供養に関する契約を締結して、墓参りをする人もいなくなったお墓については墓じまいをすることにより死後に適切な葬儀や供養をしてもらえないという被後見人の不安を除去することは、被後見人の利益になり得ると考えられる。したがって、被後見人本人が希望している場合や元気だったころの発言などから、そのような希望があると推測される場合に」は、「後見人の裁量判断に委ねられると考えられる。」「通常、自らの死後の扱いは重大な関心事だと思われるので、本人の何らかの意思が推定できる場合が多いのではないか」(東京三弁護士会合同研修会「成年後見実務の運用と諸問題」ＬＩＢＲＡ2019年6月号5頁)と考えられます。

　こうした契約は、本人の意思・希望が最重要であり、成年後見人と

しての死後事務の困難さを解消するための手段ではありません。あくまでも本人の意思・希望が確認あるいは推測できる場合に、本人自身の不安を除去し、その希望を叶えるために、行うものです。保佐人及び補助人の場合には、本人の意思を確認しながら、本人による契約締結を支援することが適切であると考えます。

　具体的内容は、本人の希望に沿ったものであることが第一の考慮要素ですが、判断能力に困難を抱える状況での契約ということから、本人の生活歴、財産状況、社会的地位などから、相当と認められるものであることも必要と考えられます。成年後見人としては、本人の意思・希望を最大限尊重しながら、親族や本人をよく知る知人、福祉関係者等の意見も聴きながら、生前契約締結の適否を慎重に検討することとなります。

　生前契約を締結した場合、本人死亡後に、その生前契約に基づいて葬儀等の宗教儀式が執り行われることとなり、その費用の支払については、相続財産の保存に必要な行為として、家庭裁判所の許可を得て支払うことができる（民873の2三）こととなります。

【59】　本人の自筆証書遺言があった場合は、そのまま相続人に引き継ぐべきである？

　成年被後見人が亡くなり、成年後見人として預かっていた書類の中に、自筆証書遺言がありました。これは、相続人に引き継げばよいでしょうか。

POINT	・後見等終了時の事務 ・遺産の引継ぎ ・自筆証書遺言の検認手続

誤認例	成年後見人として、管理財産等の引継ぎに際し、遺言書も引き継ぐことが必要であり、それで足りる。

本当は	自筆証書遺言は、遺言書の保管者に、家庭裁判所に検認手続を請求する義務がある。また、遺産を引き継ぐ相手方を確定するためにも、検認手続が必要となる。

解　説

　本問のように成年被後見人等が、従前、遺言を作成している場合があります。遺言は、本人の死亡の時から効力を生じます（民985Ⅰ）。成年後見人等は、本人の生前の生活のための法定代理人であり、死後の権利関係に、原則としては関係を持ちません。

　しかしながら、遺言内容につき、後見事務遂行上、配慮すべき場合

があります。例えば、「○○銀行の預金は、母校に寄付したい。」「別荘
は、Cさんにあげる。」など、本人が遺贈の対象とした預貯金や不動産
がある場合には、経済的必要がない限り、その預貯金の使用や不動産
の処分は差し控えるべきです。そのため、遺言の存否、ある場合には
その内容につき、成年後見人等として把握に努めることが望まれます。

　自筆証書遺言については、本人や親族等の関係者から情報を得るほ
か、本人の居所や貸金庫内で発見される場合もあります。本人の意向
にもよりますが、成年後見人等が、重要書類として保管する場合も多
いと思われます。本人が亡くなると、成年後見人等としては、管理財
産を相続人等の権利者に引き継ぐこととなりますが、遺言書も一緒に
引き継ぐことで足りるのでしょうか。

　自筆証書遺言については、その保管者が、遅滞なく検認手続を申し
立てると定められています（民1004 I）。成年後見人等が遺言書を保管
していた場合は、自ら検認手続を申し立てることが必要となるのです。
封緘されている遺言書は、検認手続内で開封されます。これにより、
遺言の内容が明らかになるので、その内容に応じて、成年後見人等は
管理財産を引き継ぐこととなります。

　法務局による保管制度（令和2年7月10日施行）を利用している場合、
本人の生前は、本人のみが閲覧を請求でき（遺言書保管6 II）、「遺言者以
外の者は当該遺言書について遺言書保管所から情報を得ることはで
き」ません（堂薗幹一郎＝野口宣大編著『一問一答新しい相続法－平成30年民法
等（相続法）改正、遺言書保管法の解説』220頁（商事法務、2019））。ただ、遺
言書の保管を証する書面が遺言者に発行されるので（堂薗＝野口・前掲
218頁）、その書面を確認することができれば、保管制度利用の自筆証
書遺言の存在については知ることができます。

　本人の死後については、「遺言者の相続人、受遺者、遺言執行者等」
の「関係相続人等」が、遺言書の閲覧等を請求できると規定されてい

ます（遺言書保管9Ⅰ）。この規定には成年後見人等であった者の記載は
なく、成年後見人等であっただけでは、情報を得ることはできないと
考えられます。

　公正証書遺言については、平成元年以降に作成されたものについて
は検索システムがありますが、本人の生前は、本人以外による利用は
できません。本人の死後は、法律上の利害関係があれば検索を請求で
きます。相続人は利害関係がありますので請求できますが、成年後見
人等は、利害関係があるとは認められておらず、検索システムを利用
できません。ただ、公正証書遺言を作成した場合には、その正本や謄
本が遺言者に渡されていますので（原本が公証役場にて保管されま
す。）、その遺言公正証書を確認できれば、遺言の存在と内容が明らか
になります。

　なお、保管制度利用の自筆証書遺言及び公正証書遺言は、どちらも、
検認手続は不要とされています（遺言書保管11、民1004Ⅱ）。

　遺言書が複数存在し、その内容が抵触する場合には、後に作成され
た遺言が有効となります（民1023Ⅰ）。その人の最後の意思を尊重しよ
うとするのが遺言制度だからです。また、自筆証書遺言と公正証書遺
言に効力の優劣はありません。公正証書遺言を作成した後に、自筆証
書遺言で撤回したり、遺言内容を変更することもできます。

第11　個人情報の取扱い

【60】　後見人は、施設ニュースへの本人写真の掲載を許可できる？

　私はＡさんの成年後見人ですが、Ａさんは有料老人ホームに入所しています。そのホームのお祭りでＡさんが楽しそうに音楽を鑑賞している写真を、施設ニュースに載せたいとの話がありました。Ａさんは身寄りがないので、成年後見人である私に同意してほしいと言われています。同意していいでしょうか。

POINT	・成年後見人の権限
	・プライバシーの権利
	・写真掲載の同意

誤認例	成年後見人は、本人の法定代理人であり、包括的に代理権がある。本人に不利益な場合でなければ、同意することに問題はない。

本当は	成年後見人は、本人の財産管理及び身上保護に関する事務を行う者であり、本人の写真掲載などプライバシーに関する事柄については何らの権限も有しておらず、同意することはできないのが原則である。

解　説

　成年後見人は、本人の財産管理及び身上保護に関する事務に関し、代理権と同意権を付与されています。身分行為やプライバシーに関する事柄など、本人自身が決定すべき事柄については、権限を有しません。

　成年後見人は、施設入所契約を締結し、本問のように成年被後見人に身寄りがない場合には、福祉サービスの内容についてもキーパーソンとして関与することとなるため、様々な事柄につき同意を求められることがあります。

　本問では、入所している施設の発行するニュースに、本人の写真を掲載するか否かについて問題となっていますが、それは本人のプライバシーに属する事柄です。

　プライバシーの権利は、判例によって認められてきた権利です。判例の多くは、不法行為による損害賠償や差止めが認められるか、という観点から判断されています。

　写真撮影については、「人は、みだりに自己の容ぼう等を撮影されないということについて法律上保護されるべき人格的利益を有する」「もっとも人の容ぼう等の撮影が正当な取材行為等として許されるべき場合もあるのであって、ある者の容ぼう等をその承諾なく撮影することが不法行為法上違法となるかどうかは、被撮影者の社会的地位、撮影された被撮影者の活動内容、撮影の場所、撮影の目的、撮影の態様、撮影の必要性等を総合考慮して、被撮影者の人格的利益の侵害が社会生活上受任の限度を超えるものといえるかどうかを判断して決すべきである」と判断されています（最判平17・11・10判タ1203・74）。

　本問について考えると、施設入所者が施設開催のお祭りで写真を撮影されたというものであり、その撮影自体が違法であるとは考えられ

ません。また、施設ニュースへの掲載についても、一般論として考えれば、Aさんの人格的利益の侵害が受忍限度を超えるとまではいえないと思われます。しかしながら、上記の判例は、不法行為（民709）による損害賠償責任を負うか否かの判断基準として挙げているものです。また、昨今、自己の人格的利益に対する社会意識は高まっていると考えられ、自らの情報を自らが望んでいない媒体に掲載されることを拒否あるいは敬遠する傾向は今後も強まっていくと考えられます。

　また、氏名、性別、生年月日、住所等の個人を識別する情報についても、「プライバシーに係る情報として法的保護の対象となる」と判示されました（最判平29・10・23判タ1442・46）。前掲判例タイムズ47頁では、「一方で、個人識別等を行うための単純な情報であって、その限りにおいては、秘匿されるべき必要性が必ずしも高いものではないが、他方で、本人が、自己の欲しない他者にみだりにこれを開示されたくないという期待は保護されるべきものであるといえる」としています。

　この判例では、住所や氏名といった情報であっても、不特定多数の他者に開示されたくないという期待については保護されるべきとされているのです。自らの写真についても、自ら希望した場合でなければ、他者に開示されたくないという期待も保護されるべきと考えられます。

　このように考えると、そもそも成年後見人には、同意権はないことからも、成年被後見人が、後見開始の前から、同様の場合に同意していた等、明確に同意が確認あるいは推定できる場合でなければ、成年後見人として同意をすべきではないと考えられます。

【61】　後見人は、本人の個人情報につき、第三者に提供することができる？

　私はＡさんの後見人ですが、娘さんから施設入所を検討したいとの提案があり、まずは、娘さんとケアマネジャーやヘルパーが集まって話し合うこととなりました。私は、Ａさんの身体状況、財産状況など、どこまで話していいのでしょうか。

POINT　・成年後見人の立場
　　　　・個人情報保護法と後見事務

| 誤認例 | 成年後見人は、本人の法定代理人であり、個人情報保護法上、第三者提供についての同意権が認められているので、情報開示に特に制限はない。 |

| 本当は | 個人情報保護法を守ることは当然として、成年後見人は、本人の意思の尊重、身上配慮義務などの職責に照らし、情報開示の範囲を慎重に検討する必要がある。 |

解　説

　成年後見制度の利用の促進に関する法律が平成28年に成立し、平成29年には国の成年後見制度利用促進基本計画が閣議決定されました。そこでは、財産管理のみならず、身上保護が重視され、本人の周りに成年後見人等を含む親族や福祉関係者などのチームを作り、チームで

本人を支援していくこととされています。

　こうした方向は、成年被後見人等のための後見事務遂行に資するものであり、後見人もチームに加わって、積極的役割を果たしていくことが求められます。本問の話合い（ケース会議）もその一環となりますが、その際に成年後見人等として、成年被後見人等の情報を、誰に、どこまで開示するかについては、慎重な対応が求められます。

　不要あるいは過剰な情報の開示は、プライバシーなどの権利の侵害に該当する場合もあり得、また成年後見人等と成年被後見人等や親族等との信頼関係にも影響します。

　個人情報について規律する個人情報保護法においては、個人データ（個人情報をデータ化し名簿等として体系的に管理しているもの）について、第三者提供には、原則として本人の同意を必要としています（個人情報23）。成年後見人等が第三者専門職である場合、成年被後見人等の情報については、データとして体系的に管理していることがほとんどであると思われ、また、そうした管理が適切です。そこから、専門職後見人等としては、成年被後見人の個人情報は、個人データに該当する場合がほとんどであることとなります。

　個人情報保護法においては「本人が未成年者や成年被後見人である場合、原則として法定代理人の同意を得るべきであろう」とされ（宇賀克也『個人情報保護法の逐条解説－個人情報保護法・行政機関個人情報保護法・独立行政法人等個人情報保護法〔第6版〕』164頁（有斐閣、2018））、同法の通則ガイドライン（個人情報の保護に関する法律についてのガイドライン（通則編））においても、「個人情報の取扱いに関して同意したことによって生ずる結果について、未成年者、成年被後見人、被保佐人及び被補助人が判断できる能力を有していないなどの場合は、親権者や法定代理人等から同意を得る必要がある」（宇賀・前掲24頁）として、本人同意がなくても、成年後見人等の法定代理人が同意すれば、第三者提

供が可能であるとの取扱いが示されています。

　しかしながら、個人情報保護法は、「個人情報の有用性に配慮しつつ、個人の権利利益を保護することを目的とする」法律です（個人情報1）。すなわち、「個人情報の適正かつ効果的な活用が新たな産業の創出並びに活力ある経済社会及び豊かな国民生活の実現に資するものである」（個人情報1）との認識に拠っている法律です。個人情報保護法の規律を守るべきことは当然ですが、後見人としては、それだけで、後見事務遂行に問題がないとはいえないことに留意すべきです。

　後見人は、成年被後見人の意思を尊重し、福祉的に支援する役割があります。その観点から、個人情報保護法上は許される本人情報の開示であっても、その取扱いを更に慎重に検討すべきです。

　本問のように施設入所の検討の場合、成年被後見人の意思・希望、身体状況、親族の状況、介護の現状、財産状況などが課題となります。過去の病歴、親族との交流状況や関係性などの具体的情報も必要となる場合もあるでしょう。

　成年後見人として開示する情報の範囲については、具体的事情をそのまま伝えるのではなく、事実を抽象化して伝えることで足りる場合がほとんどです。成年被後見人等のプライバシー等に配慮し、開示の必要性を慎重に判断すべきです。

　成年後見人等として、情報開示について、成年被後見人等の同意を確認することも考えられます。ただし、成年被後見人等は、判断能力に課題があることから、成年後見人等が選任されているのですから、たとえ、成年被後見人等が開示に同意の意向を示したとしても、そのことのみをもって、成年後見人等の情報開示が適切とされるものでも、責任が免除されるものでもありません。成年後見人等の責任で、事案に応じた適切な判断が求められます。

第 2 章

任意後見

188

第1　任意後見契約

【62】　任意後見契約は民法の典型契約ではない特殊な契約である？

　私は、Ａさんと任意後見契約を締結したのですが、監督人を選任しなければ任意後見人にはならないと聞きました。とても特殊な契約なのでしょうか。

POINT	・任意後見契約 ・公正証書によることの意義 ・停止条件

誤認例	任意後見契約は、公正証書によってしなければならず、監督人の選任も必要であるなど、特殊な契約である。

本当は	任意後見契約に関する法律に委任契約と規定されているものであり、民法の委任の規定が当然適用される。

解　説

　平成12年の民法改正により、現行の成年後見制度が施行されましたが、その際に任意後見制度が新たに創設されました。同制度は、本人が任意後見契約の締結に必要な判断能力を有している間に、後見事務の内容と後見をする人（任意後見人）を、自ら事前の契約によって定

めておくものです。

　そして、事前に締結される任意後見契約は、公正証書によることとされ（任意後見3）、また、任意後見監督人が選任された時から効力が生じると定められています（任意後見2一）。任意後見監督人選任が停止条件（民127Ⅰ）となっている契約です。

　このように特別の定めがあることから、任意後見契約は、特殊な契約であると捉えられがちですが、任意後見契約に関する法律には「自己の生活、療養看護及び財産の管理に関する事務の全部又は一部を委託し、その委託に係る事務について代理権を付与する委任契約であ」る（任意後見2一）と定められています。すなわち、任意後見契約の法的性質は委任契約ですので、任意後見契約に関する法律の定め以外は、民法の委任の規定がそのまま適用されます。

　委任契約とは、「法律行為をすることを相手方に委託」する契約です（民643）。委託する人を委任者といい、受託する人を受任者といいます。そこから、任意後見契約の受任者は任意後見受任者と呼ばれます（任意後見2三）。そして、「受任者は、委任の本旨に従い、善良な管理者の注意をもって、委任事務を処理する義務を負」います（民644）。

　任意後見契約が公正証書によることとされている理由は、①本人の真意による適法かつ有効な契約となることを制度的に担保すること、②公証役場による契約書原本の保管により契約書の改ざん・滅失等を防止すること、③公証人から登記所への嘱託が行われることにより登記を遺漏なく行うことができることなどが指摘されています（小林昭彦ほか編『新成年後見制度の解説（改訂版）』245頁（きんざい、2017））。

　任意後見監督人が家庭裁判所に選任されることにより効力を生ずるとされているのは、任意後見監督人を通して、家庭裁判所による公的な監督を伴う任意代理制度として、任意後見契約が設計されているためです。公的な監督があることにより、任意代理人の一類型である任

意後見人の権限濫用を防ぎ、本人を保護することとし、制度に対する安心感を担保しています。

　本人の判断能力が不十分な状況になると、「本人、配偶者、四親等内の親族又は任意後見受任者」の申立てにより、任意後見監督人が選任されます（任意後見4Ⅰ）。本人の判断能力が不十分とは、法定後見の3類型のどの場合であっても該当します。任意後見人という呼称から、法定後見の成年後見に該当する後見相当（判断能力を欠く常況）である場合のみに任意後見を発効させることができるとの誤解がありますが、そうではありません。保佐あるいは補助相当であっても、利用が可能です。

　ただし、任意後見監督人選任は、本人の申立て又は同意が要件とされています（任意後見4Ⅲ）。任意後見制度は、本人の意思を尊重する制度であることから、本人がそれによる保護を欲しないのであれば、効力を発生させる必要はないと考えられるからです。

　本人の同意については、「本人がその意思を表示することができないときは、この限りでない。」（任意後見4Ⅲただし書）とされています。本人の判断能力が後見相当の場合、従前の実務では、「その意思を表示することができないとき」に該当すると判断されることが多かったようです。

　今後は、本人の意思・意向を尊重していくことが更に求められており、任意後見契約の発効に際し、本人の同意を十分に確認する運用が必要です。

【63】　任意後見は、受任者を信頼して契約するものであり、複数と契約することは認められない？

　私はAさんから後見人になってほしいと依頼されています。A
さんは近所に住んでいて、こまめに訪問してくれる姪のBさんも
信頼しています。受任者を複数にして任意後見契約を締結するこ
とはできるのでしょうか。

POINT	・任意後見契約の性質 ・複数の任意後見受任者 ・任意後見契約の効力

誤認例	任意後見人は、一人の人を信頼して任せる契約であるので、複数にすることは認められない。

本当は	任意後見契約は、任意後見人に一定の事務についての代理権を付与する委任契約であり、受任者の人数に限定はない。ただし、複数の受任者の一人について生じた事由が全体に影響する場合がある。

解　説

　任意後見は、任意後見契約を締結するに足る判断能力があるときに、
判断能力が不十分になった場合の自身の任意後見人を定めて、その人
と任意後見契約を締結する制度です。任意後見人となる人（以下「任

意後見受任者」といいます。）を信頼して、将来を託す制度ですが、任意後見受任者の人数については、一人でなければならないとの限定はありません。

　法定後見においても、複数の成年後見人等の選任が認められています。この場合、成年後見人等の間で、意見が対立し事務の遂行に支障を来すことのないよう権限の調整規定が設けられています（民859の2 I、876の5 II で保佐に、876の10 I で補助に準用）。すなわち、成年後見人等の代理権及び同意権は、各自単独で行使できることが原則ですが、「家庭裁判所は、職権で、数人の成年後見人が、共同して又は事務を分掌して、その権限を行使すべきことを定めることができる」（民859の2 I）とされています。この「共同行使の定め」がなされると、複数の成年後見人等は、全員が一致しないと権限を行使できません。また、権限を分掌すれば、それぞれ分掌された事務についてのみ権限を行使することとなります。いずれも、権限行使に際し矛盾・抵触という事態は発生しないこととなります。

　任意後見についても、複数の任意後見受任者と任意後見契約を締結することができます。本問でも、例えば専門職と姪のBさんの双方を任意後見受任者とすることも可能です。

　複数の任意後見受任者につき、それぞれが単独で代理権行使ができることとする場合は、任意後見契約は、任意後見受任者ごとに別個の契約と解されています。代理権付与の形態として、例えば、財産管理の代理権と身上保護の代理権を別の人に付与するというように事務を分掌する場合、また、同じ代理権を複数の任意後見受任者が各別に行使できるとする場合も、どちらも、単独で付与された代理権を行使できることとなるので、それぞれ受任者ごとに、別個の任意後見契約となります。「公正証書は任意後見受任者ごとに各別又はまとめて1通作成することになります。」（小林昭彦ほか編『新成年後見制度の解説〔改訂版〕』

249頁（きんざい、2017））。そして、この場合は、たとえ1通の公正証書で締結されていても、任意後見受任者ごとに別個の契約として、任意後見受任者の一人に不適任の事由（任意後見4Ⅰ三）があっても、そのことは他の任意後見受任者の契約に影響しません。

　なお、同じ代理権を複数の任意後見受任者が単独で行使できるとした場合、権限の抵触の問題が生じ得ることとなります。この場合は、本人の意向、任意後見監督人の監督、更には家庭裁判所の監督により、抵触しないように調整されることとなります。

　任意後見監督人の選任については、任意後見受任者ごとに申立てをなすこともでき、あるいは複数の任意後見受任者が同時に申立てをなすこともできます。複数の任意後見受任者に対し、監督人としてそれぞれ別の者を選任するか、同一の者を選任するかは、事案に応じて家庭裁判所が判断することとなります。

　複数の任意後見受任者が代理権を共同行使するとの定めがある場合については、その任意後見契約は一個の不可分の契約となります。公正証書もまとめて1通を作成します。この場合に、一人の任意後見受任者に不適任の事由（任意後見4Ⅰ三）があると、他の任意後見受任者に不適任の事由があるか否かにかかわらず、任意後見監督人選任はなされず、任意後見契約は効力を生じないこととなります（小林ほか・前掲249頁）。複数の任意後見受任者全てに不適任の事由がない場合、任意後見監督人が選任されます。任意後見監督人自身も、複数とすることは認められており、また、追加選任も可能です（任意後見4Ⅴ）。

【64】　任意後見契約は、自由に解除できる？

　私は、Ａさんと任意後見契約を締結しているのですが、遠隔地に転居することとなってしまいました。任意後見契約は解除できるのでしょうか。

POINT	・任意後見契約の解除 ・任意後見契約の解除の時期

誤認例	任意後見契約の法的性質は委任契約であるから、自由に解除できる。

本当は	任意後見監督人選任前であれば、当事者の意思により解除できるが、方式に特別の定めがある。任意後見監督人選任後は、「正当な事由」があれば、家庭裁判所の許可を得て、解除できる。

解　説

　任意後見契約は、受任者に代理権を付与する委任契約であるところ（任意後見2一）、委任契約は、「各当事者がいつでもその解除をすることができる」（民651）と規定されています。これは、「委任は当事者双方の特別な対人的信頼関係を基礎とする契約である」ことから、契約両当事者に、自由な解約権を認めたと考えられています（幾代通編『新版注釈民法(16)債権(7)　雇傭・請負・委任・寄託－623条～666条』209頁〔明石三

郎〕（有斐閣、1989））。

　しかし、任意後見契約は、「本人の保護及び当事者の真意の担保の観点から」（小林昭彦ほか編『新成年後見制度の解説〔改訂版〕』274頁（きんざい、2017））、委任契約の解除の特則が設けられています。

　まず、任意後見監督人選任前については、解除の理由を問われることなく、いつでも解除できますが、「公証人の認証を受けた書面」によってなすことが必要です（任意後見9Ⅰ）。任意後見監督人選任前ですので、任意後見契約の効力はまだ生じていません。任意後見契約の締結について、公正証書によってなされなければならない（任意後見3）こととの均衡を考慮し、また、当事者の真意に基づく解除であることを担保するため、公証人の認証を受けることが必要とされたものです（小林ほか・前掲274頁）。

　次に任意後見監督人選任後については、「正当な事由」と家庭裁判所の許可が必要とされています（任意後見9Ⅱ）。任意後見監督人選任後ですので、任意後見契約は既に効力を生じています。受任者は任意後見人となり、その職務を遂行しています。この段階では、「任意後見人からの自由な解除を認めることは、無責任な辞任を容認するおそれがあり、また、判断能力が不十分な状況にある本人からの自由な解除を認めることは」「本人の保護に欠ける結果となるおそれ」があるため、解除につき正当事由と家庭裁判所の許可が要件とされているのです（小林ほか・前掲275頁）。

　任意後見人からの解除について考えると、その実質は任意後見人の辞任です。正当事由と家庭裁判所の許可を要件とすることで、成年後見人等の辞任の場合と同じ規律となっています（民844・876の2Ⅱ・876の7Ⅱ）。

　なお、任意後見契約の解除とは、「契約の全部解除の趣旨であり」「一部解除は認められていません。」「任意後見監督人選任の前後を問わず」

「一部解除は、契約の実質的変更」となることから、別の取扱いとなります。

　任意後見契約で付与された代理権について変更する場合のうち、一部の代理権付与を取りやめ、代理権を縮減したい場合には、締結済みの任意後見契約を全部解除し、改めて、任意後見契約を公正証書により締結する必要があります。逆に、別の代理権を付与したいという場合であれば、同じ方法でもできますが、締結済みの任意後見契約はそのままとして、追加して新たな任意後見契約を公正証書により締結することもできます。

　「代理権の内容（授権事項）に変更を加えない限り、それ以外の変更（たとえば、報酬額の変更）は、任意後見監督人の選任の前後を問わず、随時、変更契約の公正証書の作成によりできるものと解され」ています（小林ほか・前掲279頁）。

　このように、代理権を縮減する場合については、新たな公正証書の作成だけではなし得ず、当初の任意後見契約を全部解除することが必要とされています。代理権は、登記にも目録が記載されるものであり、また、具体的に任意後見契約で受任者に付与された代理権全てが一体として、一つの任意後見契約と捉えられるからであると考えられます。

　なお、新たな任意後見契約や変更契約が必要となる場合、それぞれの契約の内容に応じた判断能力が必要であることに留意が必要です。特に、任意後見契約が発効している場合は、判断能力が不十分となっていますので、新たに締結しようとする契約に応じた判断能力が認められるか、また本人の真意であるかについては、慎重に判断することが必要です。

【65】 任意後見契約と同時に財産管理契約を締結した場合、判断能力が低下すれば、財産管理契約は失効する？

　私はAさんと任意後見契約を締結し、併せて判断能力低下前は財産管理を行う契約も締結しました。Aさんは認知症が進行してきたため、任意後見監督人選任申立てをしようと思います。この場合、財産管理契約は当然に失効するのでしょうか。

POINT	・任意後見契約と財産管理契約（移行型） ・判断能力低下・喪失と財産管理契約 ・財産管理契約と任意後見契約の関係

誤認例	判断能力が低下した場合には、任意後見契約を発効させることが予定されているのであり、財産管理契約は当然に失効して終了する。

本当は	財産管理契約の法的性質は委任契約であり、委任者が判断能力を喪失しても、失効しないと考えられている。しかし、任意後見監督人選任申立てをしないまま、不適切な財産管理が行われるという濫用事例が問題となっている。

解　説

　任意後見契約は、自身の判断能力が不十分である場合に備える制度です。しかし、判断能力には困難がなくても、高齢や障害による身体能力の低下などにより、財産管理を自身で行えず、他者に任せたいという場合もあります。そうした場合には、財産管理を委任する契約（以下「財産管理契約」といいます。）を締結する方法があります。財産管理契約も、委任契約の一つですが、任意後見契約を締結する場合に同時に締結されることも多くあります。

　一般に任意後見の利用形態は、三つに分類されています。

　第一には、任意後見契約と共に財産管理契約を締結し、当初は財産管理契約により事務を委任し、判断能力が低下した後は任意後見契約に移行する形態です。移行型と呼ばれます。

　第二には、軽度の認知症、知的障害、精神障害等により、判断能力が不十分な状態にある人が、自ら任意後見契約を締結し、すぐに任意後見監督人選任を申し立て、任意後見契約の効力を発生させる形態です。即効型と呼ばれます。

　即効型では、本人の判断能力が任意後見契約を締結するに足りるものであることが必要です。一般的には、補助相当、場合によっては保佐相当の場合に利用できると考えられています。特に保佐相当の場合には、本人が任意後見契約の内容を真に理解しているかにつき、更に慎重に判断する必要があります（小林昭彦ほか編『新成年後見制度の解説〔改訂版〕』239頁（きんざい、2017））。

　第三には、判断能力が十分にある本人が、将来に備えて任意後見契約のみを締結する形態です。将来型と言われます。任意後見契約に関する法律の法文には、最も忠実な形態です。ただし、受任者が第三者である場合には、本人の判断能力低下に気付かず、任意後見監督人選任申立ての時期を失するおそれがあります。そこから、本人の状況を

見守る契約（定期的に電話連絡や面談等を行うなど）を別に締結することが推奨されています。

　第一の移行型の契約が、実際には一番多く、任意後見契約と共に公正証書により財産管理契約を締結することが広く行われています。

　財産管理契約により、管理事務を遂行中に、本人の判断能力が低下した場合、財産管理契約は当然に失効するのでしょうか。

　我が国では、「本人が意思能力を喪失しても任意代理人の代理権は消滅せず」「当然に存続する」と解されています（小林ほか・前掲228頁）。本人の判断能力が低下しても、喪失してさえも、財産管理契約は失効しないのです。特約で終了させることは可能であるため、任意後見監督人が選任され、任意後見契約が発効した場合には、財産管理契約は終了すると規定するのが通常です。「本人の判断能力低下後の後見事務については、できるだけ公的機関の監督を伴う任意後見契約による保護を選択することが望ましい」からです（小林ほか・前掲234頁）。

　しかし、現状では、移行型の場合、本人の判断能力が低下しても、任意後見監督人選任申立てがなされないため、任意後見契約に移行せず、不適切な財産管理が継続されるという濫用事例が多く問題となっています。本人は、判断能力が低下しているため、自身の利益を守ることができず、大きな損害を被るケースも発生しています。

　こうした損害を防ぐためには、財産管理契約の内容は、契約時に必要な代理権のみを付与することが大切です。一般的には、日常生活費や、急な入院費用の支払に必要な預貯金の管理くらいだと思われます。預貯金全ての管理を委任する必要はないのが通常です。もしも、それでは足りない事態（例えば高額の施設入居金の支払や不動産の処分の必要性）が発生すれば、その都度、必要な範囲で代理権を付与すればいいのです。必要な代理権が付与できない程、判断能力が低下した場合は、任意後見契約に移行することとすれば、本人の利益を保護することができます。

【66】　親権者は、子を代理して任意後見契約を締結することはできない？

　Ａさんの8歳の息子さんには知的障害があります。息子さんの将来、特にＡさんの死後について、大きな不安があります。息子さんのために任意後見契約を利用できないでしょうか。

POINT	・任意後見契約の性質 ・代理による任意後見契約締結 ・親権者の場合

誤認例	任意後見契約は、委任者の自己決定を尊重し、その意思に基づく制度であることから、親権者であっても代理による契約はできない。

本当は	子本人に判断能力がない場合、親権者は子に代わって任意後見契約を締結することが可能であり、「親亡き後」に対処する方法の一つである。

解　　説

　任意後見契約は、「どのような援助を誰にしてもらうかを委任者が主体的に決定することができ、自己決定の尊重の理念に最も合致し」ている制度です（赤沼康弘編『成年後見制度をめぐる諸問題』307頁〔北野俊光〕（新日本法規出版、2012））。

　本問では、8歳の息子さん自身には任意後見契約を締結するに足る判断能力がないと思われ、自身では任意後見契約の締結はできません。なお、判断能力があり任意後見契約を締結できる場合にも法定代理人（親権者又は未成年後見人）の同意が必要です（民5Ⅰ）。

　それでは、親権者であるＡさんは、息子さんを代理して任意後見契約を締結できるのでしょうか。

　任意後見契約が何よりも、委任者である本人の意思、及びその自己決定を尊重しようとする制度であることから、代理による契約は認められないとの考えもあり得ます。

　しかしながら、「親権とは、子を養育保護して、その福祉を守るための親に認められる特殊な法的地位」（於保不二雄＝中川淳編『新版注釈民法(25)親族(5)　親権・後見・保佐及び補助・扶養－818条～881条〔改訂版〕』58頁〔明山和夫＝國府剛〕（有斐閣、2004））であり、親の権利というよりは、子の福祉のための義務であるとの理解が進んでいます。

　こうした理解を前提として、親権者による子の任意後見契約締結は認められると考えられています（赤沼・前掲310頁、小林昭彦ほか編『新成年後見制度の解説〔改訂版〕』240頁（きんざい、2017））。ただし、子自身に任意後見契約締結に足る判断能力がない場合に限ると考えられます。「子が未成年者で意思能力があるとき」も、「親権者が子を代理して任意後見契約を締結することもできる」との考えもあります（赤沼・前掲310頁、日本公証人連合会編著『新版　証書の作成と文例〔改訂版〕』138頁（立花書房、2013））。しかし、法的には可能としても、子自身が自らの意思・判断で契約できるのであれば、親権者といえども、その意思を尊重すべきと考えます。子自らが任意後見契約を締結する場合、前記のごとく親権者の同意が必要であり、その限度で親権者の意思を反映でき、それで足りると考えます。

　知的障害者や精神障害者等については、親が障害者である子の将来

を案じ、親の老後や死後の子の行く末を案じる「親亡き後」といわれる課題があります。この課題に関し、任意後見制度は以下のような活用方法が考えられています。

　第一に、何らかの障害があるとしても任意後見契約締結に必要な判断能力があれば、子自らが任意後見契約を締結し、自らの後見人を指定することができます。

　第二に、前記のごとく、子自らには必要な判断能力がない場合、親権者が子を代理して任意後見契約を締結し、子の将来の支援者たる任意後見受任者を定めておくことができます。この場合、子が未成年の間は、任意後見契約は発効することができません（任意後見4Ⅰ一）。子が未成年の間は、親権者あるいは未成年後見人が法定代理人となります。

　なお、未成年後見人が子の法定代理人として、任意後見契約を締結できるかも問題となり得ますが、締結できないと考えます。未成年後見人は親権者と異なり、子と血族関係があるとは限らず、未成年者本人との関係は様々です。任意後見契約が、委任者本人の意向を尊重しようとする制度であることから、一般に、子に最も近い者として、その意思を最大限尊重でき、子に対し自然的情愛を持つ親権者に限るべきと考えます。

　第三に、親自身が老後に備えて任意後見契約を締結し、その中で、子の監護や財産の使い方についても、備えをすることが考えられます。具体的には、それぞれの事案に応じて検討することになりますが、子の法定後見開始審判の申立て、子の生活費の支払のための預金取引などの代理権の付与が考えられます。

　他に、子の介護等の事実行為を第三者に委託する準委任契約や、死後に備えて遺言や、信託制度などの検討も有用です（小林ほか・前掲240頁参照）。

【67】 任意後見契約が登記されている場合には法定後見開始の審判申立てはできない？

　私はＡさんの長男Ｂさんから、Ａさんの後見開始審判申立ての相談を受けています。調査したところ、Ａさんは長女のＣさんと任意後見契約を締結し、その登記がありました。この場合、後見開始審判申立てはできるのでしょうか。

POINT	・任意後見優先の原則
	・後見開始の審判等をなすことができる場合

誤認例	本人意思、自己決定の尊重の理念から、法定後見より任意後見が優先されるものであるから、任意後見の登記があれば、法定後見は利用できない。

本当は	本人の利益のため特に必要があると認めるときに限り、後見開始の審判等をなすことができる。

解　説

　任意後見契約が締結され、その登記がなされている場合には、「本人の利益のため特に必要があると認めるときに限り、後見開始の審判等をすることができる」と定められています（任意後見10Ⅰ）。任意後見は、本人自らが後見事務を遂行する者を決定して、契約を締結したものであることから、その自己決定を尊重する趣旨です（小林昭彦ほか編『新成

年後見制度の解説〔改訂版〕』39頁（きんざい、2017））。

　法定後見に移行する「本人の利益のため特に必要があると認めるとき」については、具体的には以下の場合が考えられています（小林ほか・前掲286頁）。

　第一に任意後見契約で付与されている代理権の範囲が狭すぎる場合です。例えば、預貯金取引の代理権のみが付与されていたが、不動産売却が必要となった場合などが考えられます。この場合、本人に任意後見契約を締結するに足る判断能力があれば、改めて必要な代理権を付与する任意後見契約を締結することもできますが、法定後見による保護を選択することも可能ということになります。新たな契約が締結できない場合には、法定後見を利用するしかありません。この場合、事案に応じての担当裁判官の判断ではありますが、任意後見受任者を候補者として法定後見を申し立てれば、候補者が選任される場合も多いと思われます。実際上は、任意後見契約締結の際には、権限が足りないことがないよう、多くの代理権を付与することとされる場合が多いため、この理由で法定後見に移行する場合はあまりありません。

　第二に同意権・取消権による保護が必要な場合です。本人が、訪問販売事業者等に騙されて何度も被害に遭っているなどの場合が考えられます。これについては「民法96条の詐欺、強迫による取消権や消費者契約法・特定商取引に関する法律に基づく取消権の行使を、予め任意後見契約で受任者に委任しておけるかについては、肯定的に解されて」います（赤沼康弘編『成年後見制度をめぐる諸問題』360頁〔北野俊光〕（新日本法規出版、2012））。しかし、法定後見による取消権であれば、個々の具体的事実の立証が不要である点でより効果的であり、本人保護に資するといえます。そこから、法定後見へ移行することが「本人保護のため特に必要があると認める」場合があります。

　他にも、任意後見受任者に不適切な行為が認められる場合もありま

す。最近、親族間紛争を背景として、「一部の親族が本人の財産支配を
ねら」って任意後見契約を締結し、「他の親族による法定後見開始申立
てを牽制する」という事例があります（赤沼・前掲361頁）。いわゆる移
行型の任意後見契約を締結し（【65】参照）、同契約発効前の財産管理契
約も締結し、本人財産を手中に収めてしまいます。そして、任意後見
監督人選任申立てを行わず、本人を囲い込んで、他の親族から遠ざけ
てしまう場合もあります。財産管理契約に基づき本人財産を管理する
と言いながら、本人ではなく自己や自己の親族等の利益を図り、本人
の生活や財産に損害を与える事案も発生しています。

　この場合、家庭裁判所は、本人の判断能力の程度、財産状況、特に
預貯金の収支を調査し、本人以外の人（特に任意後見受任者やその親
族）のために本人の財産が費消されていないか、本人の財産の多寡や
内容に相応し、本人のための支出が適切になされているかの調査を行
うことが期待されます。任意後見受任者が、本人以外のための支出を
行っている場合や、本人の利益が必ずしも明らかではない行為が多く
ある場合などは、任意後見受任者が、任意後見人として不適任である
と考えられ、「本人の利益のため特に必要」として、後見開始の審判等
がなされることとなります。

第2　任意後見監督人選任申立て

【68】　法定後見の開始審判がなされたら、任意後見契約は必ず終了する？

　私はＡさんと任意後見契約を締結していましたが、任意後見監督人選任申立てをしたところ、代理権が不足しているとして後見開始の審判がなされました。任意後見契約は終了したということでしょうか。

<table>
<tr><td>POINT</td><td>・任意後見と法定後見の関係
・任意後見契約の発効前
・任意後見契約の発効後</td></tr>
</table>

誤認例	任意後見と法定後見は併存せず、法定後見に移行して後見開始の審判がなされた以上、任意後見契約は当然に終了する。

本当は	任意後見監督人が選任された後に、後見開始等の審判がなされた場合には、任意後見契約は終了する。しかし、任意後見監督人が選任されておらず、契約発効前に法定後見が開始した場合には、任意後見契約は終了しない。

解　　説

　任意後見契約は、任意後見監督人選任を停止条件とする契約です（任意後見2一）。公正証書による締結が必要とされ（任意後見3）、公証人の嘱託により登記が作成されます。

　本人の自己決定を尊重する趣旨から、任意後見契約の登記がなされている場合、すなわち任意後見契約を締結している委任者については、原則としては、任意後見が優先され、「本人の利益のため特に必要があると認めるときに限り、後見開始の審判等をすることができる」と規定されています（任意後見10Ⅰ）。このように、我が国では、本人の自己決定を尊重し、かつ、権限の抵触・重複を回避するため、任意後見人と法定後見の成年後見人等は、併存しないこととなっています。

　任意後見契約が締結されているが、後見開始の審判等がなされた場合、すなわち法定後見が開始した場合、任意後見契約はどうなるのでしょうか。

　まず、「任意後見監督人が選任された後において本人が後見開始の審判等を受けたときは、任意後見契約は終了する。」（任意後見10Ⅲ）と定められています。すなわち、任意後見契約が発効した後に、「本人の利益のため特に必要がある」として、法定後見に移行した場合には、任意後見契約は終了するのです。「これは、家庭裁判所が、既に効力の発生している任意後見契約による保護では本人の保護として十分であるとはいえ」ないと「判断して法定後見による保護を開始した以上、当該任意後見契約を存続させることは相当ではないと考えられることによるものです」（小林昭彦ほか編『新成年後見制度の解説〔改訂版〕』288頁（きんざい、2017））。なお、「任意後見から法定後見への円滑な移行を可能にするため」「任意後見受任者、任意後見人又は任意後見監督人に法定後見開始の審判の申立権も付与」されています（任意後見10Ⅱ）。任意後見人（又は任意後見受任者）として、任意後見契約により付与され

た代理権では不足するなど、法定後見制度の利用が必要と考えた場合、本人のために、法定後見の開始審判を申し立てることを検討すべきということになります。

これに対し、任意後見契約に関する法律10条3項の反対解釈として、任意後見監督人が選任される前、すなわち任意後見契約が発効する前に法定後見の開始審判がなされた場合は、任意後見契約は存続します。これは、「効力未発生の任意後見契約については、当該任意後見契約による保護の相当性自体を否定する確定的な司法判断がされたとまではいえない」ことからです（小林ほか・前掲289頁）。

一旦は、法定後見に移行したものの、終了していない当該任意後見契約に基づき、任意後見監督人選任が申し立てられた場合、家庭裁判所は、任意後見による保護を適当と判断して、任意後見監督人を選任することもでき、その場合、既に開始している後見開始の審判等を取り消すこととされています（任意後見4Ⅱ）。この規定があることからも、任意後見発効前に、法定後見が開始した場合には、任意後見契約は終了しないことが分かります。

任意後見契約は、発効後の法定後見開始以外に、解除（【64】参照）、任意後見人の解任、更には委任契約の終了事由である契約当事者の死亡、破産などで終了します。

契約が終了すると、任意後見人又は任意後見受任者、任意後見監督人もそれぞれその地位を失います。そうすると、上記の法定後見の申立て（任意後見10Ⅱ）はできないこととなります。特に、既に任意後見契約が発効している場合は、任意後見契約が終了してしまうと、本人のために代理権を行使できる者がいなくなります。それにより、本人の保護に欠ける結果とならないように、任意後見人あるいは任意後見監督人としては、可能な限り契約終了となる前に、法定後見の申立てを自ら行ったり、首長申立てを促すなどの対応をする必要があることにも留意が必要です。

【69】 任意後見契約が終了すれば、任意後見人の代理権も消滅する？

　私はＡさんの任意後見人として、職務を遂行してきましたが、健康を害し、家庭裁判所の許可を得て、任意後見契約を解除しました。解除で任意後見契約は終了しますので、任意後見人の代理権も消滅してしまうのでしょうか。

POINT	・任意後見契約の解除 ・任意後見契約の終了事由 ・任意後見契約の終了と対抗要件

誤認例	任意後見契約は解除により終了するのであるから、任意後見人の代理権も消滅する。

本当は	任意後見人の代理権の消滅は、その旨の登記をしなければ、善意の第三者に対抗できない。任意後見人の解任、発効後の法定後見の開始以外の終了の場合は、終了の登記を申請することが必要である。

解　説

　任意後見契約は、次のような場合に終了します。①任意後見契約の解除（任意後見9）、②任意後見人の解任（任意後見8）、③任意後見監督人が選任され任意後見契約が発効した後の、法定後見の開始（任意後見10

Ⅲ)、④契約当事者の死亡・破産など、また任意後見人あるいは任意後見受任者が、後見開始の審判を受けた場合など民法の委任の終了事由の発生（民653）等の場合があります。

　これ以外に、当事者間の約定により終了事由を定めることも可能です。「たとえば、弁護士等の任意後見人または任意後見受任者が所属の団体から懲戒処分をうけた場合」を契約の終了事由と定めることもできます（小林昭彦ほか編『新成年後見制度の解説〔改訂版〕』276頁（きんざい、2017））。本人が、受任者の専門職としての資格を信頼して契約する場合には、このような終了事由の定めは合理性があると考えられます。

　契約が終了すれば、当該任意後見契約により付与されていた代理権も当然消滅します。しかしながら、当該代理権は、登記によって公的に証明され、当事者以外の第三者にも公示されています。「第三者（取引の相手方）がその事実を知らずに登記を信頼して任意後見人であった者と取引をした場合には、その善意の第三者を保護するための法的手当てが必要となります。」（小林ほか・前掲282頁）。そのため、「任意後見人の代理権の消滅は、登記をしなければ、善意の第三者に対抗することができない。」（任意後見11）と規定されています。

　登記手続については、任意後見人の解任及び法定後見開始の審判による任意後見契約の終了の場合は、裁判所からの嘱託により任意後見終了の登記がなされますが、解除やそれ以外の事由で契約が終了した場合には、当事者が登記申請をすることが必要となっていますので、留意が必要です（後見登記5八、家事116一、家事規77Ⅰ五・Ⅲ）。

　本問のように、任意後見人の辞任や死亡などで契約が終了した場合、本人としては、既に任意後見人の職務遂行による保護を受けていたものであるのに（発効前であっても、任意後見契約による備えをしていたものであるのに）、契約終了により本人保護に欠ける結果になる場合も想定されます。こうした場合に備え、予備的受任者（当初の任意

後見人が死亡や病気により職務遂行が不可能あるいは困難となった場合に任意後見人となる者）を規定できないかとの課題も指摘されています。「しかし、このような予備的契約を登記事項とする明文の規定がないため、現行法上は不可能とされてい」ます（赤沼康弘編『成年後見制度をめぐる諸問題』312頁〔北野俊光〕（新日本法規出版、2012））。ただ、実務的には、そうした条項を任意後見契約に定めることは可能であり、予備的受任者とされた者が、前任者の死亡・病気などの場合に本人の同意を得て、任意後見監督人の選任申立てをするという運用は可能です（赤沼・前掲350頁〔矢頭範之〕）。

　また、代理権目録に「新たな任意後見契約の締結に関する事項」を定めることも可能とされています（日本公証人連合会編著『新版　証書の作成と文例〔改訂版〕』124頁（立花書房、2013））。これについては、この代理権が定められていれば、「契約解除前に、任意後見人である受任者が本人を代理し新たな任意後見契約を締結して、本人の保護を継続することができる」（赤沼・前掲332頁〔遠藤英嗣〕）との評価もあります。しかし、契約解除事由は、受任者の病気等に限られず、本人との信頼関係喪失や任意後見人の債務不履行の場合もあります。解除される契約の受任者が、新たな任意後見契約を、本人を代理して締結できるとすることは、適切とは考えられません。そもそも、任意後見人に、新たな任意後見契約締結の代理権を付与することの可否、又は付与することのできる場合について、更に検討が必要と考えます。少なくとも、その代理権を付与することの意味を本人が深く理解しているかの確認が必須です。

【70】　死後事務委任契約は、任意後見契約が発効していなければ、執行することができない？

　私はAさんと任意後見契約を締結し、Aさんの葬儀や納骨についても依頼されていました。Aさんは、亡くなるまで判断能力には問題がなく、任意後見契約は発効しませんでした。この場合、死後事務委任契約も発効しないのでしょうか。

POINT	・死後事務委任契約とは ・任意後見契約との関係

誤認例	任意後見契約と同時に同じ公正証書で締結したものであり、任意後見契約が発効していなければ、死後事務委任契約も効力を生じない。

本当は	同一の公正証書で作成したとしても、任意後見契約と死後事務委任契約は別個の契約であるから、任意後見契約が発効しなかったとしても、死後事務委任契約には影響しない。

解　説

　死後事務委任契約とは、委任者が、自己の死後の葬儀や埋葬に関する事項などを、予め依頼しておく契約です。現代では、頼りになる親族がいない、あるいは親族には頼りたくないという人も増えており、

死後事務を第三者に依頼したいとのニーズがあります。

　任意後見契約締結を希望する人の中にも、そうしたニーズがあり任意後見契約締結と同時に死後事務委任契約を締結する場合も多くあるのが実情です。

　委任契約は、委任者（本人）の死亡によって終了すると定められています（民653一）。「委任は、個人的信頼関係を特に重視するから」です。ただ、「強行規定ではないから、反対の特約によって」終了しないとすることもできます（幾代通編『新版注釈民法(16)債権(7)　雇傭・請負・委任・寄託―623条～666条』293頁〔明石三郎〕（有斐閣、2004））。

　死後事務とは、正に本人が死亡した後の事務です。この点につき、最高裁は、「自己の死後の事務を含めた法律行為等の委任契約は、委任者の死亡によっては終了させない旨の合意を包含する」としました（最判平4・9・22金法1358・55）。特約として明示に定めていなくても、死亡によって終了しない合意があるとしたものです。

　また、委任契約は、各当事者が、いつでも解除できるのが原則です（民651 I）。委任者の死後、委任者たる地位は相続人に包括承継されることから、相続人が自由に解除できるのではないかとの問題もあります。これについても前記の最高裁判決の「差し戻し審は、委任者の死後、相続人がこれを解除することは、正当な事由がない限りできない」としました（日本公証人連合会編著『新版　証書の作成と文例〔改訂版〕』166頁（立花書房、2013））。

　こうしたことから、自身の葬儀や納骨、墓じまいなどについての死後事務委任契約は有効とされています。

　任意後見契約は、信頼できる人を受任者として、自己の後見事務の遂行を依頼するものですから、同じ受任者に死後事務も依頼したいとの希望もあり、公正証書を作成する際に、死後事務についても定めることが多く行われています。

　任意後見契約自体は、委任者が死亡すれば終了します。しかし、死後事務委任契約は、同じ公正証書で作成したとしても、任意後見契約とは別の契約です。その効力も別異に取り扱われ、任意後見契約が発効しているか否かにより影響されません。本問のように任意後見契約が発効しないまま委任者が死亡した場合も、死後事務委任契約は有効であり、受任者は事務遂行の義務を負います。

　一般に、死後事務としては、①医療費、税金等の支払、②施設利用料の支払と入居一時金等の受領、③葬儀、火葬、納骨、埋葬、④永代供養、⑤行政官庁等への諸届、⑥遺品整理、⑦知人等への通知等のような事務が考えられています。今後は、携帯電話やスマートフォンの解約、ＳＮＳのアカウントの削除なども課題となるでしょう。

　特に③、④、⑥、⑦の事務については、本人の意向が最重要です。その具体的内容、詳細を定めておく必要があります。⑤の事務については、任意後見契約を締結しておらず、親族でもない場合には、死亡届の届出資格がありません（戸籍87。なお同条2項に任意後見受任者が加えられました。）。

　本人の意向に基づき、詳細に具体的事項を明確にし、委任者の最後の思いを実現することが重要です。

　また、これらの事務を遂行するには、費用がかかります。そこから、受任者が一定額を預かる方法もありますが、その清算をいかに適正に行うかも重要課題です。本人の死後の財産（遺産）の使途ですから、遺言作成も必須といえます。受任者を遺言執行者とすることが一番簡明ですが、受任者の事務遂行及び費用の清算につき、受遺者や遺言執行者に対する報告義務を課すことも一案です。

　委任者の考えが、時の経過で変わることもあり、受任者としては、定期的な意思確認、更に見守りの定めも必要と考えられます。

＜著者略歴＞

土肥　尚子（ドヒ　ショウコ）

　　昭和56年3月　東京大学法学部卒業

　　昭和62年4月　弁護士登録（東京弁護士会所属）

　　　東京弁護士会　高齢者・障害者の権利に関する特別委員会　委員

　　　日本弁護士連合会　高齢者・障害者権利支援センター　委員

　　　成年後見制度利用促進専門家会議　委員

（著　書）

「障害児を叩くな」（明石書店、1998）共著

「成年後見法制の展望」（日本評論社、2011）共著

「成年後見制度をめぐる諸問題」（新日本法規出版、2012）共著

「成年後見の法律相談〔第3次改訂版〕」（学陽書房、2014）共著

「Q＆A成年後見実務全書第1巻、第4巻」（民事法研究会、2015・2016）共著

「事例解説　成年後見の実務」（青林書院、2016）共編

実務家が陥りやすい
成年後見の落とし穴

　　　令和2年8月28日　　初版一刷発行
　　　令和3年1月20日　　　　二刷発行

　　　　　著　者　土　肥　尚　子
　　　　発行者　新日本法規出版株式会社
　　　　　　　　代表者　星　　謙一郎

発 行 所　新 日 本 法 規 出 版 株 式 会 社
本　　社　（460-8455）　名 古 屋 市 中 区 栄 1 － 23 － 20
総轄本部　　　　　　　　　電話　代表　052(211)1525
東京本社　（162-8407）　東京都新宿区市谷砂土原町2－6
　　　　　　　　　　　　　電話　代表　03(3269)2220
支　　社　札幌・仙台・東京・関東・名古屋・大阪・広島
　　　　　高松・福岡
ホームページ　https://www.sn-hoki.co.jp/